新版

いちばんていねいでやさしい

はじめてのバラづくり12か月

後藤みどり

Introduction
はじめに

バラづくりが楽しくなったのは、
バラを作り始めて5年くらいたったころです。
最初はなにがなんだかわからずに、
悩んだり、困ったりしている日々でした。

園芸初心者の方にもバラが育てられる、
わかりやすい本を作りたいという思いから
2011年に『はじめてのバラづくり12か月』
という本を出版しました。
だれでもバラ栽培の基礎が学べるようにていねいに作りました。
実際、バラ栽培教室の生徒さんにテキスト本として
読んでいただいてわかりやすいととても好評でした。

本書は当時の情報を更新して、「新版」として改訂したものです。
現在のバラはとても耐病性に優れ、育てやすくなってきました。
ただ日本の気候も年々変化しているので
新しい育て方に変える必要があります。
本書は作業を12か月に分けて詳しく解説してあり、
バラの生育に合わせて進めるようになっています。
あとはバラとじっくり向き合い、その美しさと甘い香りに
癒されながら時を重ねてください。
そのうちにバラの気持ちが少しずつわかってきます。
もし、それでも困ったときはコマツガーデンのサイトへ、
または実店舗ロザ・ヴェールへお問い合わせください。
皆様のお庭に美しく輝くバラが咲くようになるまで、
私がサポートさせていただきます。
それでは、あなたの庭が
温かく夢のある空間になりますように。

後藤みどり

Contents

表紙のバラは「ピエール・ドゥ・ロンサール」です。

アートディレクション
日高慶太（monostore）
デザイン
熊田愛子（monostore）
イラスト
［P8 ～ 17］今井和世
［P51以降］伊坂桃子
撮影
今井秀治
取材・執筆
今井由美子・後藤みどり
校正
佐藤博子
英文校正
池田玲子
DTP
天龍社
写真協力
（有）コマツガーデン
木村卓功（バラの家）
デビッドオースチンロージズ株式会社
（株）花ごころ
草間祐輔
取材協力
コマツガーデンのみなさん
石川邸、小林邸、佐野邸、鈴木邸
薬剤写真協力
住友化学株式会社
住友化学園芸株式会社
米澤化学株式会社
株式会社ハイポネックスジャパン

Your First Rose

〝はじめてのバラ〟を育てましょう

「バラに囲まれてティータイムを過ごしたい」「ピンクのバラを育ててみたい」……
あなたが夢見るバラとの暮らしはどんなふうでしょうか?
目的が見えてきたら、育てる場所の日当たりや風通しなどの環境条件を把握しておきましょう。
色や形、香りなど、バラには一目惚《ぼ》れしてしまう要素がたくさんありますが、美しく咲かせるためには
育てる場所の環境と楽しみ方の目的に適した品種を選ぶことが、成功の第一歩です。
バラ栽培のスタートから秋の開花をめざすまでの流れを、ダイジェストでご案内しましょう。

地植えで
おおらかに楽しむ？

枝がまっすぐに伸びる木《き》立《だち》性バラや、伸ばすと枝先が垂れてこんもりした樹形になる半つる性バラがよいでしょう。庭のスペースに合わせてセレクトします。

鉢植えで
コンパクトに楽しむ？

生長しても高さが1m 以内の木立性バラや半つるバラ、ミニつるバラが好適。繰り返し咲く品種や、葉や実も美しい品種など、四季を通じて楽しめるものがおすすめ。

アーチに
仕立てて楽しむ？

つる性か半つる性バラを選んで誘引し、花を咲かせます。高さ2m 以内のアーチなら、大型のコンテナ栽培も可能。株元から花がつくタイプがベストです。

あなたの好みのバラの色は?

バラの魅力のなかで、何といっても真っ先に関心を引くのは色彩。バラは古くから世界中で愛され、美しさを追求されてきたため、品種改良の長い歴史が作り出した花色のバラエティは実に豊かです。楽しく目移りしながら、あなたの「バラ色」を見つけてください。

大きく10のグループに分けられます

- 赤 *Red*
- マゼンタ *Magenta*
- ピンク *Pink*
- オレンジ *Orange*
- 緑 *Green*
- 黄 *Yellow*
- 白 *White*
- 複色 *Bicolor*
- 紫 *Purple*
- 茶 *Brown*

Red 赤

赤いバラが身にまとう品格ある存在感は、どんな場所でも主役級。深い色合いほど、秋に美しさの本領を発揮します。

ラバグルト

Pink ピンク

ときにエレガントに、ときにキュートに、周囲に溶け込みながらハートをしっかり射止めてしまう愛すべきピンクのバラたち。

ヒーリング

Green 緑

グリーン系のバラは樹木や草類との相性がよく、落ち着いた雰囲気になります。これから注目されるセンスのよい色でしょう。

エクレール

Magenta マゼンタ

わずかに紫を帯びたあでやかな色合いは、まさにバラのイメージそのもの。眺めているだけで心まで華やいでくる美しさです。

ベルベティ・トワイライト

Orange オレンジ

アプリコットからビビッドなオレンジ、ミルクティー色まで、モダンローズの新時代が生んだ美麗花の数々は、とびっきりチャーミング!

ブラス・バンド

ポラリスアルファ

Yellow 黄

ペルシャ（イラン）の原種バラを祖先に、20世紀に入って誕生したクリアな黄色のバラは、近年ますます洗練されてきました。

マーガレット・メリル

White 白

麗しい白バラがたわわに咲けば、そこはもう夢の世界。花の形や大小にかかわらず気品漂う花姿は、夕暮れ時に輝きを増します。

ロサ・ガリカ‘ヴェルシコロール’

Bicolor 複色

複数の色が交じる個性派のバラたち。花弁の裏や縁に別の色がのるもの、絞りやぼかし、濃淡など、豊かな表情が楽しめます。

紫玉

Purple 紫

ミステリアスな雰囲気を漂わす紫やライラック色のバラは、退色していく様子にも魅了されます。ピンクのバラとも好相性。

つるジュリア

Brown 茶

茶系のバラは、親に紫系の花を使っていることが多く、全般的に樹勢が弱い。シックで大人っぽい雰囲気は上品で一輪でも十分美しいので人気です。

Point

色以外にも気をつけたいバラ選びのポイント

樹形や樹高、枝のかたさや伸び方などの性質を下調べすることは大前提。そして、右の3つの点もチェックすると、バラ栽培の楽しみは、さらに広がります。

四季を通じて開花する性質

花後の枝を切り戻すと、次に伸びてくる枝に再び花をつける性質です。繰り返し花を楽しめます。

病気に強い品種

バラは光合成のために葉を守ることが必須。病気に強い品種なら対策の手間が最小限ですみます。

ひと株に花がたくさんつく

房咲きや多花性の品種は次々と花を咲かせてくれます。株が生長するほど圧巻の眺めが楽しめます。

バラの苗はこんなところで買えます

バラの苗は、日当たりがよく、水やり、消毒などをきちんと行っているお店で選ぶのが原則です。苗の良し悪しは、その後のバラの生長に大きく影響しますから、信頼できるお店で購入すること。最初は、開花時期に花を確認して選ぶとよいでしょう。

バラ専門店

多くの品種を扱っており、品質も信頼できます。品種選びや栽培のアドバイスも受けられて安心。販売スタッフに希望を伝えて2～3品種提案してもらい、その中から選ぶのもよい方法です。

園芸店や花店

近隣に専門店がない場合は、園芸店や花店をのぞいてみましょう。バラを扱うお店ではバラ好きなスタッフがいることも多く、栽培の相談にのってもらえます。おもに5月と10月は商品のラインナップが多いでしょう。

ホームセンター

大型店では比較的多くの品種を扱っていますが、バラに詳しいスタッフがいない場合があるので、あらかじめ下調べして候補を多めにセレクトしておき、花を見て気に入ったものを選ぶとよいでしょう。

インターネットや通販

バラ栽培に少し慣れてきてから利用したほうがよいでしょう。専門店の通信販売以外は、品質にばらつきがある場合もあるようです。価格だけで選ぶと失敗することもあります。

よい苗の選び方

春バラの開花期は4～6月です。この時期に出回っている花つきの鉢苗を購入すると、花を楽しみながら栽培に挑戦でき、二番花、三番花の楽しみもあります。気に入った花を見つけたら、ラベルをチェックすれば、そのバラのおおまかな性質を知ることができます。品種名がわかれば、その後に詳しい情報を調べられます。ただし、花にばかり気をとられずに、枝葉に勢いのある元気な株を選びましょう。冬の株はしおれに注意してください。

Point

挿し木苗は、土から数本の細い枝が出ている

挿し木苗にご用心！

ミニバラの小さな鉢植えは、栽培も簡単そうに思えます。でも、丈夫な台木に接《つ》いだ接ぎ木苗が一般的なのに対し、ミニバラの多くは挿し木苗。挿し木苗は生育が遅く、ほとんどが温室育ちで抵抗力も弱いため、時期によっては寒風を避けて室内へ取り込むなど、過保護なくらい手をかける必要があります。

買ってきたバラにしてあげること

バラは日光が大好きなので、日当たりと風通しのよい戸外で育てます。花が咲いていると部屋に飾りたくなるかもしれませんが、室内で楽しむのは1日が限度です。翌日には外へ出して日に当てましょう。ただし、暮れから4月中旬までに入手した花つきの鉢苗は温室育ちのため、いきなり戸外に出すと寒さや風によるダメージを大きく受けてしまいます。そこで、外気が十分暖かくなるまで日当たりのよい窓辺などで管理し、日中に日だまりに出したり、窓を少し開けて外気に当てましょう。

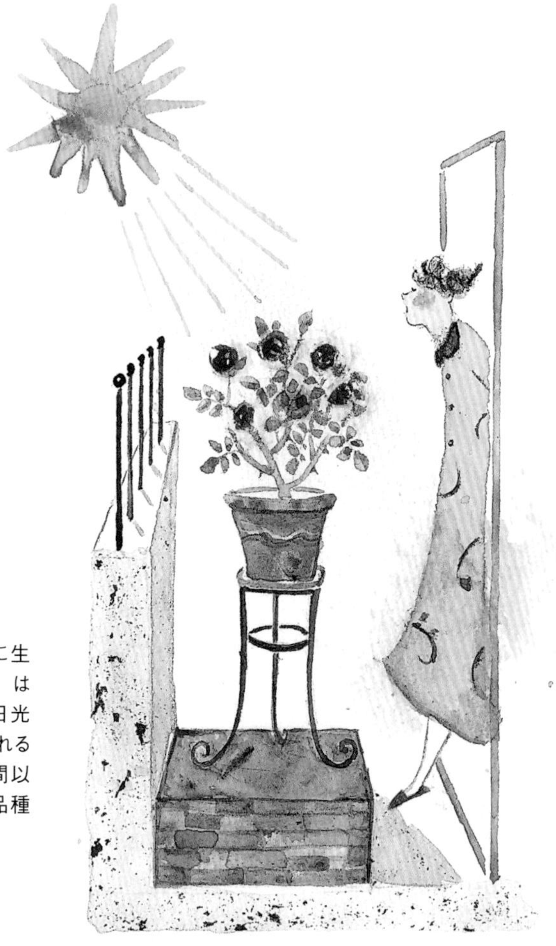

1 日光に当てる

バラは日当たりがよいほど旺盛《おうせい》に生長して、たくさん花を咲かせます。はっきり影が見えるくらいの直射日光が、最低でも1日3時間は浴びられる場所を確保しましょう。1日5時間以上日が当たる場所なら、どんな品種も順調に生長します。

2 予防消毒

園芸植物に病害虫対策はつきものです。対策は予防が第一なので、花が咲いていても、苗は入手後すぐに消毒を行いましょう。株数が少ないうちは、希釈の手間がかからないスプレー式の薬剤が便利です。朝か夕方の涼しい時間帯に行います。

▶詳しくは**83**頁へ

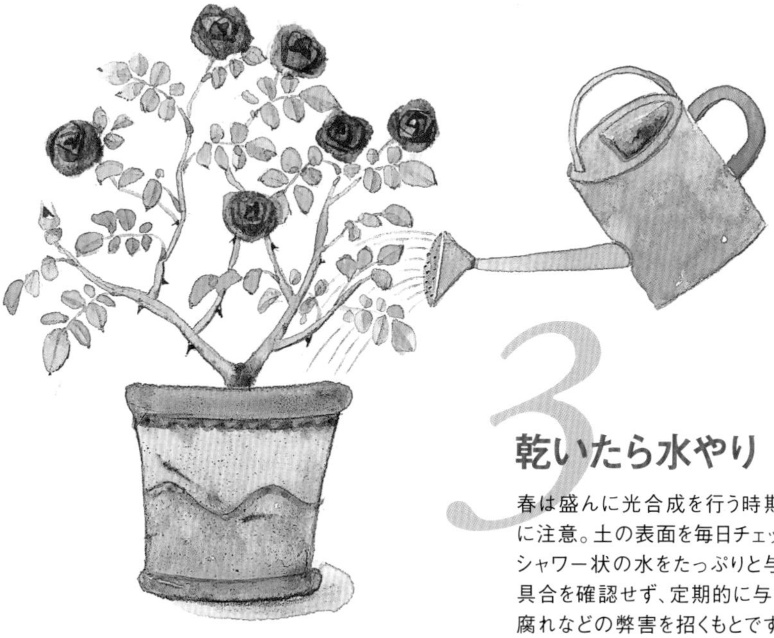

3 乾いたら水やり

春は盛んに光合成を行う時期なので、水切れに注意。土の表面を毎日チェックして、乾いたらシャワー状の水をたっぷりと与えましょう。乾き具合を確認せず、定期的に与え続けるのは、根腐れなどの弊害を招くもとです。夏場は日中の水やりは避け、なるべく朝のうちに与えます。

▶詳しくは**63**頁へ

Point

バラの咲き方には3つのパターンがあります

野生のバラの多くは春にだけ咲く性質ですが、園芸品種は繰り返し花が楽しめるように改良されてきました。目的に合わせて選びましょう。

四季咲き

春の一番花の花後も、花枝が伸びれば何度でも開花する性質。花がらはそのつど切り戻しましょう。

返り咲き

春の開花後、初夏か秋に1～2度再び開花する性質。半つる性やつる性バラに多く見られます。

一季咲き

年に1度、春にだけ開花する性質。つるバラや原種に多く、秋に実を楽しめるものもあります。

花が咲いた後のお世話

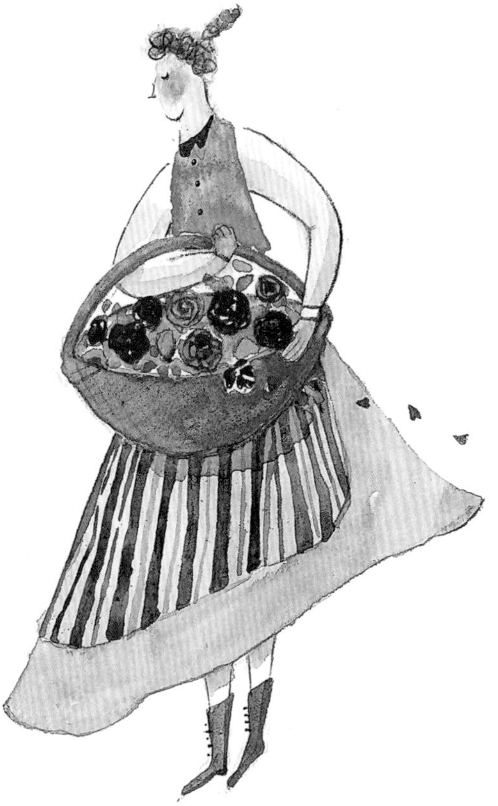

バラは伸びた枝の先端に花を咲かせて、花が散ると次の芽が伸びだします。四季咲き性のバラは次に伸びてくる枝に二番花を咲かせるので、早く次の芽が伸びだせるように、花がらは放置せずそのつど切りましょう。何度も開花させるには養分の補給も必要なので、お礼肥を与えます。

1 花がら切り

外側の花弁(花びら)が黄ばんできた花から順繰りに、1輪ごとに1枚ずつ葉をつけて花首をカットします。最後の花が終わったら、潔く全体の長さの枝先1/3くらいを切りましょう。節間(葉と葉の間)ではなく、葉の上で切ります。

▶詳しくは**79**頁へ

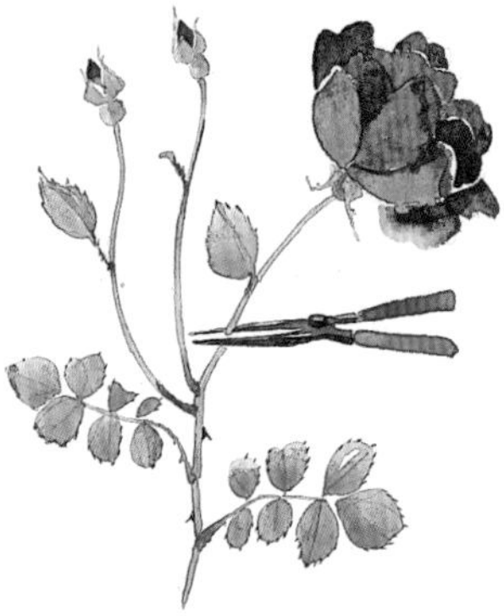

2 お礼肥

四季咲きのバラはエネルギーをたくさん消耗します。開花の終盤に、お礼肥(追肥)として置き肥を少なめに与えておくと、株の力が衰えずに次の花を咲かせることができます。遅効性の肥料は効き始めるまでに2週間くらいかかるため、花が終わってからではタイミングが遅すぎます。

▶詳しくは**70**頁へ

二番花が咲いたら

6〜7月に待望の二番花が咲きだします。それまでは、どんなふうにつぼみがつくのか、様子をしっかり観察しましょう。花を楽しんだ後は、終わった花から順繰りに花がら切りを行います。次の剪定は8月下旬〜9月上旬です。

▶詳しくは**88**頁へ

秋にも花を楽しむために

ここからが、新たながんばりどきです。二番花の花がら切りをすませたら、木を生長させるために、その後に出てくるつぼみは葉を１枚ずつつけてどんどん摘み取ります。その後の芽の伸び方もよく観察しておきましょう。葉が虫に食われるなど、いろいろなことが起こってくる時期なので、予防消毒を１週間に１回くらい行うとよいでしょう。

1 植えつけ

二番花の花がら切りを終えたらすぐ、本格的な暑さがくる前に植えつけを行ってもよいでしょう。鉢に植えつけるなら、通気性と適度な重さを備えたテラコッタ鉢で、現状よりふた回り大きなサイズのものへ。庭植えするなら、しっかり穴掘りと土づくりをしておきます。

▶詳しくは**72、74頁**へ

2 夏の剪定

春から数か月手をかけてきた鉢苗は、秋にはもっといい花を咲かせます。気候のよい10～11月に咲くように、8月下旬～9月中旬ころにすべての枝を剪定《せんてい》しましょう。秋の花は花もちがよく、花色が深まるなど、春の花とは違った魅力が見つかります。

▶詳しくは**88頁**へ

秋の花も咲いた！

少しずつ気温が低くなっていく時期で、秋の花はゆっくりと開花していくので、開ききるまでの過程を見守るのも楽しいものです。花をじっくり観賞後、来シーズンに備えて冬の作業を行います。

▶その後の栽培の仕方は**101頁**へ

Guide to Roses

作りたい庭に合う 仕立て方別 バラ図鑑

はじめてのバラ栽培では、「好き」という気持ちが何よりの原動力になります。
バラはさまざまな見せ方で楽しむことができます。あなたの用途に合う品種をチェックしてください。
眺めるたびに笑みがこぼれるようなお気に入りのバラを育てるなら、少々の手間も楽しみになります。

鉢植え

p20

鉢植えは大ぶりにならない木立性や半つる性のものを選ぶ。四季咲き性のものなら、一年中鉢バラを楽しめる。

フェンス・オベリスク

p26

２ｍくらいのフェンスなら大型のつる性ではなく半つる性のものがよい。３ｍ以上あればつる性から選んでも。

アーチ

p31

アーチをきれいに形作るためには、花が短く株元からつくものを選ぶ。ランブラーなら大型アーチでも早く咲き揃う。

壁面・パーゴラ

p36

つる性で大きくなるタイプを選ぶ。壁が広いときはランブラーを選ぶと早めに形作られる。幅が欲しいときは横張り性のほうが望ましい

ガーデン

p41

１ｍ50 cmくらいの大ぶりのものを選ぶと、見ごたえのある木になる。樹高は高・中・低をバランスよく配置する。一度、鉢植えで樹形や色を確かめよう。

図鑑の見方

ジェームズ・L・オースチン
James L. Austin

香り　耐病性

濃いめローズにラズベリー色が入った色。クラシック・ダマスク香にティー香、ベリー系の甘酸っぱい香りがある。
深い葉脈が特徴的な葉は、濃い緑色でやや照りがあり、花色を引き立てる。
●[S]●四季咲き●中輪
●半つる性半直立タイプ●1.2m

流通名または品種名
流通時に使用されていたり、昔から呼ばれている一般的な名称。作出国により、異なる場合もある。

その他の特徴
その品種の生育特性から、利用に適する環境や仕立て方、耐病性などをマークで表示した。

日陰・半日陰
日陰・半日陰でも丈夫に育つ

香り
芳香を楽しめる

耐寒性
耐寒性に優れ丈夫に育つ

耐病性
耐病性に優れ丈夫に育つ

樹種
バラの分類を略号で表記した。それぞれの詳しい解説は48頁を参照。

ワイルドローズ（原種）
Sp＝ワイルドローズ。世界中に150〜200種自生する野生種のバラ

オールドローズ
Old＝オールドローズ。モダンローズができる前の系統に属す品種。カッコで続くアルファベットは詳しい分類を表す（49頁「オールドローズの系統」参照）
B＝ブルボン。ロサ・キネンシス×オータム・ダマスクの系統。香りがよい。返り咲き

モダンローズ
HT＝ハイブリッド・ティー。大輪・四季咲きの木立性バラ
Gr＝グランディフローラ。房咲き・四季咲きの木立性バラ
F＝フロリバンダ。中輪房咲き・四季咲きの木立性バラ
S＝シュラブ。半つる性のバラ
CL＝クライミング。つる性のバラ
HMsk＝ハイブリッド・ムスク。四季咲き性で半つる性、横張りのものが多い。ムスク香がある
Hmult＝ハイブリッド・ムルティフローラ。一季咲き。
ClMin＝クライミング・ミニチュア。つる性のミニバラ
※**R**＝ランブラー。伸長力が強く、しなやかな枝をはうように伸ばすつる性バラ。オールドローズとモダンローズのどちらも含む

開花時期
品種により3パターンの咲き方に分かれる。それぞれの詳しい解説は15頁を参照。
四季咲き＝開花条件を満たせば、枝を伸ばして何度でも花を咲かせる
返り咲き＝春の開花後、気温や生育状況により1〜2度繰り返し咲く
一季咲き＝春に1回だけ咲く

花径
春の一番花の大きさを基準として、大・中・小輪の3つに分類した。
大輪＝直径約10cm以上のバラ
中輪＝直径約3〜10cmのバラ
小輪＝直径約3cm以下のバラ

樹形
品種により3分類・4タイプの樹形に生育する。
木《き》立《だち》性＝背が1.5mくらいまでしか伸びず、直立して咲く
半つる性＝枝が1〜2mほど伸びてこんもりと広がる
つる性＝枝が2m以上伸び、支持物に誘引して景色をつくれる
直立タイプ＝あまり横に広がらず、スリムにまっすぐ自立する
半直立タイプ＝横に幅をもちながら自立する
横張りタイプ＝横に幅広くなりながら自立する
半横張りタイプ＝横張りよりは少し縦方向へ自立する

樹高
木立性・半つる性の品種は成株の大きさ。つる性品種は、つるが伸びる目安の長さを表示した。

鉢植え

Potted plant

夜来香（イエライシャン）

Ye-Lai-Xiang

香り　耐病性

ブルーローズは近年数多く作出されているが、この品種がブルーローズの中で上品で香りがさわやかな育てやすい品種だと思う。房状につぼみがつき、咲き始めはモーブがかった藤色の花弁が美しい。

●[HT]●四季咲き●大輪●木立性半直立タイプ●1.4m

アイ・ウィル

I Will

小中輪のカップ咲きからロゼット咲きに咲き進み、色もアプリコットオレンジからアプリコットピンクに変化する。房状に5輪くらい花が咲く。すっきりとしたティーの香り。

●[S]●四季咲き●中輪●半つる性半横張りタイプ●1.0m

アイスバーグ

Iceberg

白バラ人気№1。ドイツ名「シュネーヴィッチェン」でも知られる。半八重のベールのような純白花。つる性品種もある。半日陰でもよく育つ。1983年、世界バラ連合「バラの栄誉殿堂」入りを果たした。

●[F]●四季咲き●中輪●木立性半直立タイプ●1.5m

アンクレット

Anklet

香り　耐病性

赤バラの強香種はあまりないが、この品種はダマスクとシトラスの強香が放たれる。その妖艶な花姿がバラの持つ高貴な雰囲気を表現してくれる。葉色が赤みを帯び、下を向く。ゆったりと咲き進む姿はアートなバラの世界に誘ってくれる。

●[S]●四季咲き●中輪●半つる性半横張りタイプ●1.2m

イングリッド・バーグマン

Ingrid Bergman

耐寒性　耐病性

緋赤色で半剣弁高芯咲き。耐病性・耐寒性に優れる。花弁の質もよいので、雨に打たれても花形が崩れにくい。微香。女優イングリッド・バーグマンを称え、没後にその名を冠して発表された。

●[HT]●四季咲き●大輪●木立性半直立タイプ●1.2m

ヴァネッサ・ベル

Vanessa Bell

香り

ピンクを帯びたつぼみが開くと、明るいライトイエローのディープカップ咲きの花が咲く。退色はするが、花形は比較的長く維持する。中香だが、さわやかなレモンのような香りがある。花弁が重なる花の中心部は黄色が濃くなり、一つの花でグラデーションになる。秋の花は黄色みが強くなり、より深いカップ咲きになる。樹形も素直でまとまりがよく、非常にバランスのとれた品種。

●[S]●四季咲き●大輪●半つる性半横張りタイプ●1.2m

イフ・アイ・フェル

If I Fell

香り

華やかとはこの花のことを言うと思う。フリル状に重なり合う花弁が大輪のカップ状の花を作る。濃厚なフルーツ香も魅力的。まとまりやすく鉢植えにも向く。

●[S]●四季咲き●大輪
●半つる性半横張りタイプ●0.8m

グラニー
Granny

耐寒性　耐病性

カップ咲きからロゼット咲きに変わる。花弁数は約60枚と多く、数輪の房咲きになる。花つき、花もちがとてもよく、春以降から絶え間なく開花して、晩秋まで楽しめる。葉は照り葉。うどんこ病に注意。

●[S]●四季咲き●中輪●半つる性横張りタイプ●1.0m

オマージュ・ア・バルバラ
Hommage à Barbara

耐病性

ダークレッドの花は花弁が厚くしっかりとしている。多花性で花もちがよいのでガーデンの主役として扱ってもよい。丈夫で育てやすい。

●[S]●四季咲き●中輪●半つる性半横張りタイプ●1.2m

エクレール
Eclaire

切り花でもおなじみのグリーンの花。花芯が黄色で、10輪以上の房になって咲き、花もちは抜群。ブーケトスシリーズの代表品種。

●[Pol]●四季咲き●中輪●木立性横張りタイプ●0.5m

クィーン・オブ・スウェーデン
Queen of Sweden

香り

半分ほど開くとカップ咲きになり、最後まで形が崩れない。花つきがよく、剪定した枝のほとんどで花を咲かせ、繰り返し開花する。直立性のスリムな樹形で、鉢植えでアーチに仕立てることもできる。

●[S]●四季咲き●中輪●半つる性半直立タイプ●1.5m

岳の夢
Gaku no Yume

耐寒性　耐病性

表が赤、裏花弁が白。花は中輪で3〜8輪の房状に広がりボリュームのある花姿になる。とてもあざやかで目を引く。夏場でもしっかりとした花が咲く。鉢植えにしても美しい。

●[F]●四季咲き●中輪●木立性半直立タイプ●1.0m

ジェームズ・L・オースチン

James L. Austin

香り　耐病性

濃いめローズにラズベリー色が入った色。クラシック・ダマスク香にティー香、ベリー系の甘酸っぱい香りがある。
深い葉脈が特徴的な葉は、濃い緑色でやや照りがあり、花色を引き立てる。

●[S]●四季咲き●中輪
●半つる性半直立タイプ●1.2m

グリーン・アイス

Green Ice

ミニチュアローズとして扱われ、挿し木の鉢植えも出回っている。淡いグリーンで咲き始め、濃いグリーンに花色が変わる。時々花弁の縁がピンクがかることもある。伸ばすとほふくして垂れ下がるように咲かせることもできる。

●[Min]●四季咲き●小輪●半つる性半横張りタイプ●0.4m

シャドウ・オブ・ザ・ムーン

Shadow of the Moon

耐病性

ライラックブルーのひらひらと波打つ花弁がとても愛らしい。房状になり密に咲く。コンパクトに剪定してもあまり乱れず鉢で楽しんでも育てやすい。香りは強くはないがティーにフローラルな香り。

●[F]●四季咲き●中輪
●半つる性半横張りタイプ
●0.9m

シェエラザード

Sheherazad

耐病性

とても華やかで新規性のある花で、美しく力強い意思のあるバラ。シンボルローズになるインパクトのある咲き方をする。ボリュームとその花つきで見る人を惹きつける。

●[F]●四季咲き●中輪
●半つる性半直立タイプ
●1.2m

チェリー・ボニカ

Cherry Bonica

香り　耐病性

上から三分の一を刈り込んでいるだけで自然樹形できれいにまとまる。花弁数は少ないが、雨に強く花もちがよい。いつでも咲いていてほしい場所に向く。何株か並べても美しい。

●[F]●四季咲き●中輪●半つる性半横張りタイプ●0.7m

ベルベティ・トワイライト

Velvety Twilight

香り

ダークローズの妖艶な色合い。いくつも重なる花弁がボリュームのある花形を作り出す。その香りは最高。疲れを癒してくれるダマスクの甘くやさしい香り。鉢植えで楽しめる。

●[F]●四季咲き●中輪
●木立性半直立タイプ●1.0m

ブラス・バンド

Brass Band

明るいオレンジ色と、ひらひらと波打つ花弁が個性的なバラ。丸弁カップ咲きから平咲きに変わる。花色は、外側ほど黄色みがかる。花もちがよく、つぼみが開きかけてから咲き終わるまで長く楽しめる。

●[F]●四季咲き●中輪●木立性半横張りタイプ●1.2m

ニュー・ウェーブ

New Wave

香り

波打つ花弁に、ライラック色の美しいグラデーションを描く。丸弁平咲きで、多くの花を房咲きにつけ、満開時には枝がたわむほど。よく生育し、鉢植えに向く。すっきりとした香りが、とても魅力的。

●[HT]●四季咲き●大輪●木立性半直立タイプ●1.2m

パシュミナ

Pashmina

耐病性

ほんのりピンクが中心にのる白花。カップ咲きでコロンとしたフォルムが人気。丈夫で育てやすい。

●[F]●四季咲き●中輪
●半つる性半横張りタイプ
●1.0m

ドレッシー

Dressy

香り

純白の花は、咲き始めは波状弁抱え咲きで、咲き進むとロゼッタ咲きになる。ダマスク・クラッシック香にフルーツ香がのる強香種。大輪だが房で咲くので通常のハイブリッド・ティーに感じる花の少なさはない。半直立性で株のまとまりはよい。強香がゆえに花弁は薄いので、肥料が多すぎると花傷みして茶色くなる。第15回国営越後丘陵公園「国際香りのばら新品種コンクール」にてHT部門銀賞受賞。

●[HT]●四季咲き●大輪●半つる性半直立タイプ●1.3m

ポラリス・アルファ
Polaris α

耐寒性

レモンイエローの明るい花色。3～5輪の房状になってこんもりとたわわに咲く。プランターや花壇の手前に植えるとよい。

●[F]●四季咲き●中輪
●木立性半横張りタイプ
●0.8m

レヨン・ドゥ・ソレイユ
Rayon de Soleil

耐寒性　耐病性

黄色では珍しい遅咲き。輝くような黄色の花が房になって咲き続く。花つき花もちは文句なく、ガーデンのポイントに使うとよい。

●[F]●四季咲き●中輪●木立性直立タイプ●1.0m

リムセ
Rimse

耐寒性　耐病性

ピンクで中心が黄色い。花芯も見える。平均20輪くらいの花が房状に咲く。こんもりと広げて見せる場所があると最高。丈夫で育てやすい。

●[S]●四季咲き●小輪
●半つる性半横張りタイプ
●0.5m

ラディッシュ
Radish

耐寒性　耐病性

緑色に赤色がのった花はディープカップ咲きで数輪～数十輪の房咲きとなる。春はしべをのぞかせて咲くが、その他の時期はしべが見えるまでは路地だとあまり開かない。もともとは切り花品種で花もちが非常によく、雨にも強い。花つきが大変よく、幼苗時には株の力以上に花をつけてしまうので摘蕾をまめに行うとよい。時々桃色の花が発生するが、その時は発生元から取り除く。

●[pol]●四季咲き●中輪●木立性半横張りタイプ●0.5m

マイ・ローズ
My Rose

耐寒性　耐病性

花もちのよい赤バラ。花は少しうつむくが、全体の姿を見ればそんなに気にならない。むしろ常に咲き続ける強健な性質が安定感があって、花壇や鉢で見ごたえのある景色になる。

●[F]●四季咲き●中輪●半つる性半直立タイプ●1.0m

フェンス・オベリスク

Fence · Obelisk

ガートルード・ジェキル

Gertrude Jekyll

香り

ローズピンクの花から香る濃厚なダマスク香。No.1といってもよい強香。低めのフェンスやオベリスクならつるとしても仕立てられる。

●[S]●返り咲き●中輪●半つる性半直立タイプ
●1.8m

アンジェラ

Angela

耐寒性　耐病性

丈夫で花つきがよく、初心者向き。鮮やかなピンクの花色で、半八重のカップ咲き。大きな房になり、香りは微香。強健種で、アーチやフェンス、トレリスなどに誘引して育てられる。

●[CL]●四季咲き●中輪●半つる性半直立タイプ
●3.0m

ヴァリエガータ・ディ・ボローニャ

Variegata di Bologna

白に濃い赤紫色の絞りが入ったカップ状の花が、房咲きになる。強い香りを放つ。生育がよいので、オベリスクやフェンスに誘引し、秋には枝を減らし、春に樹形を整える。うどんこ病に注意。。

●[Old(B)]●一季咲き●中輪●半つる性半横張りタイプ●2.0m

サンセット・グロウ
Sunset Glow

オレンジが強いサーモンピンク。平咲きで花弁はしっかりとしているので花もちはよい。赤みを帯びた葉色に花が映える。

●[LCl]●返り咲き●中輪
●つる性半直立タイプ●2.0m

クリスティアーナ
Christiana

耐寒性 耐病性

コロンと愛らしいカップ咲き。まわりが白で中心がピンク。ほんのり色づくピンクがとても花形に似合いキュート。返り咲き性がある。あまり大きめの仕立てより低めのほうが本来の品種のよさを引き立てる。

●[F]●四季咲き～返り咲き●中輪
●半つる性半直立タイプ●2.0m

ザ・ミル・オン・ザ・フロス
The Mill on the Floss

香り

白に近い淡いピンク地に濃いめのピンクの糸覆輪が愛らしい。フルーティーな香りがある。つるとしても扱える。

●[S]●返り咲き●中輪
●半つる性半直立タイプ●1.4m

サン＝テグジュペリ
Saint-Exupéry

香り

花弁の縁のフリルと濃いピンクが愛らしい。花形はディープカップ咲きからクォーターカップ咲きになる。花つきがよく、枝にたわわに咲く様子は非常に華やか。強いダマスク香で、庭先にアクセントを添える。

●[S]●四季咲き●大輪
●半つる性半直立タイプ
●1.0m

サハラ'98
Sahara '98

とてもはっきりとした蛍光に近い黄色がベースで、縁がオレンジに染まる。下から花がつきやすいタイプ。いろいろな仕立てが楽しめる。

●[S]●返り咲き●中輪●半つる性半横張りタイプ
●2.5m

ファンタン・ラトゥール
Fantin-Latour

耐寒性

花形がカップ咲きからクォーターロゼット咲きへと変わる。非常に華やかな香り。房咲きになり、枝先を少し遊ばせて留めると、自然な仕上がりに。とげはほとんどない。花名はバラの花をよく描いたといわれるフランスの画家の名にちなむ。

●[Old(C)]●一季咲き●中輪●半つる性半横張りタイプ●2.0m

バロン・ジロー・ド・ラン
Baron Girod de l'Ain

濃赤紫色の花弁の縁に、白色が細く現れる。咲き始めは濃い色だが、開花が進むにつれて薄くなる。強いダマスク香を放つ。うどんこ病に弱い。

●[Old(HP)]●返り咲き●大輪●半つる性半横張りタイプ●2.0〜3.0m

ハニー・キャラメル
Honey Caramel

はっきりしたミカン色のカップ咲き。つるバラほど大きくならず、秋までよく咲くからベランダでも楽しめる。花もちよく多花性。香りは微香。小さめの花壇ならレヨンドゥ・ソレイユやザ・ポエッツ・ワイフと合わせると明るいコーナーがつくれる。

●[F]●返り咲き●中輪●半つる性半直立タイプ●1.8m

セルシアーナ
Celsiana

香り　耐寒性　耐病性

平咲きの花に金色の雄しべが華やか。枝いっぱいにたくさんの花をつけ、開花期間が長い。強いダマスク香を放つ。寒さと病気に強く、半日陰でもよく生育する、強健種。

●[Old(D)]●一季咲き●中輪●半つる性半横張りタイプ●1.6m

セプタード・アイル
Scepter'd Isle

香り

ソフトピンクのカップ咲き。香りはミルラ香。ボーダーに向く。花壇の手前、鉢で楽しんでもよい。夏も安定して咲き続ける。

●[S]●四季咲き〜返り咲き●中輪●半つる性半横張りタイプ●1.5m

ミステリューズ
Mystérieuse

耐寒性　耐病性

濃赤紫の花は白色の絞りが時々入り、カップ咲き～平咲きとなる。数輪の房咲きでスパイス香とブルー・ローズ香の中香。樹形は半直立性で枝先は下垂ししなやか。冬季剪定では樹高の1/2くらいを目安に切り戻す。オベリスクや低いフェンスなどにはつるバラのように利用できる。暑さを嫌い、高温期には下葉が黄色くなり落葉することがあるが、気温の低下とともに回復する。

●[F(S)]●返り咲き●中輪●半つる性半直立タイプ●1.5m

ブラッシュ・ノワゼット
Blush Noisette

香り　耐寒性　耐病性

ノワゼット系の代表品種で、長く花を楽しめる。ごく淡いピンクで、ポンポン咲きからロゼット咲きの花を咲かせる細くしなやかな枝も、やさしい雰囲気。窓の周囲、フェンス、アーチなどに。強健で病害虫にも強い。

●[Old(N)]●四季咲き●小輪
●半つる性半横張りタイプ●2.0m

ロサ・アルバ・セミプレナ
Rosa Alba Semi-plena

香り　耐寒性

清楚な半八重でアルバ系の中では花つきがよく、葉はブルーグレーがかり、秋には細長く大きめの果実も楽しめる。イギリスのバラ戦争でヨーク家の紋章となったのはロサ・アルバとの説もある。半日陰でも育つ。

●[Old(A)]●一季咲き●中輪●半つる性半直立タイプ●2.0m

ペネロペ
Penelope

日陰・半日陰　香り　耐寒性

マットな質感で、花芯が黄色。セミダブルで房咲きのボリューム感を楽しむなら、地植えにするとよい。シュートは、若い株では切り、4年目以降は誘引するとよく開花する。強健だが、黒点病に注意。

●[HMsk]●返り咲き●中輪●半つる性半横張りタイプ●2.0m

マチネ
Matinee

耐寒性　耐病性

株はコンパクトで花つきがよく、春～秋までよく咲き続ける。耐病性にも優れた育てやすい品種。品種名は仏語の「朝・午前」から命名。青みがかった色はひんやりとした早朝を、ピンクがかった色は暖かな昼前のイメージ。

●[F]●四季咲き●中輪
●半つる性半直立タイプ
●1.0m

ロサ・ガリカ・オフィキナリス

Rosa gallica var.officinalis

香り　耐寒性

大型種が多い野生種の中では、コンパクトな品種。ローズ色の花弁に、黄金色のしべのコントラストが非常に鮮やか。樹形は直立性で、細めの枝に細かいとげが密につく。秋にはローズヒップが楽しめる。

●[Sp]●一季咲き●中輪●半つる性半直立タイプ
●2.0m

ロサ・ガリカ 'ヴェルシコロール'

Rosa gallica`Versicolor'

ロサ・ガリカ・オフィキナリスの枝変わり品種のオールドローズ。ストライプローズの中でも、色合いや波打つ花弁が特に華やか。小型の樹形で幹や枝が細いので、鉢植え、花壇への混植に向く。

●[Sp]●一季咲き●中輪
●半つる性半横張り性タイプ
●1.2m

ロココ

Rokoko

耐寒性　耐病性

淡いアプリコットベージュの花色とウエーブがかった花びら、赤いしべの組み合わせが華やかでやさしい雰囲気を見せるので人気。花枝が太めでしっかり上を向くので、あまり高いフェンスには向かない。つるというよりシュラブ扱いのほうがよい。

●[S]●返り咲き●大輪●半つる性直立タイプ●3.0m

ロサ・ケンティフォーリア

Rosa × centifolia

香り　耐寒性

花弁数がとても多く、カップ咲き。強いダマスク香で、香料採取用として栽培されることもある。うつむき加減に咲くので、目線より上に誘導し、見上げるように演出するとよい。19世紀の画家ルドゥーテの『薔薇図譜』にも登場する。

●[Old(C)]●一季咲き●中輪
●半つる性横張りタイプ
●2.0m

アーチ

Arch

つる・ゴールド・バニー

Gold Bunny Climbing

耐寒性

別名ゴールドバッジ。丸弁のカップ咲きで、花弁の先が波打つ様子も愛らしい。花もちがよく、色鮮やかで退色しにくい。花壇、鉢植え、フェンスのいずれにも向く。

●[CL]●返り咲き●中輪●つる性半直立タイプ●3.0m

アミ・ロマンティカ

Amie Romantica

耐寒性　耐病性

外花弁はグリーンがかった白で、中心に向かってピンクが濃くなる。花つき花もちもよく、誘引すると下から上まで花が咲き、初心者でも咲かせやすい。

●[S]●四季咲き～返り咲き●中輪
●つる性半直立タイプ●2.0m

紅玉

Kougyoku

耐寒性　耐病性

濃いめの赤いコロンとした中小輪の花が無数に咲き誇る。同種の玉蔓、珠玉と並んでとげが比較的少なく、扱いやすいつるバラ。

●[S]●弱い返り咲き●中輪●つる性半横張りタイプ●3.0m

コーネリア

Cornelia

香り　耐寒性

ニュアンスのあるアプリコットともベージュともつかないやさしい花色が人気。樹勢は強く、大型仕立ても楽しめる。ほんのりムスクの甘い香りが株全体を纏う。

●[HMsK]●四季咲き～返り咲き●中輪
●つる性横張りタイプ●2.0m

ピエール・ドゥ・ロンサール
Pierre de Ronsard

耐寒性

つるバラとして世界中の人に愛され、殿堂入りもしているバラ。咲き始めの花弁に濃いピンクのラインが入る愛らしさは群を抜いてかわいらしい。花が重く下を向くのでアーチやパーゴラなど高さのある誘引がおすすめ。

●[CL]●弱い返り咲き●大輪●つる性半直立タイプ●3.0m

珠玉
Shugyoku

耐寒性　耐病性

オレンジ色のカップ咲き。5～10輪の房になって咲き、多花性なので満開時は圧巻。枝は誘引しやすいかたさと太さで扱いやすい。色違いでピンクの玉蔓と赤の紅玉がある。

●[S]●弱い返り咲き●中輪●つる性半横張りタイプ●3.0m

玉蔓
Tamakazura

耐寒性　耐病性

花弁の縁がほんのりピンクに染まる。カップ状の花が3～5輪の房状に咲く。枝はとげが少なく、曲げやすいアーチに仕立てるととてもかわいい。

●[S]●弱い返り咲き●中輪●つる性半横張りタイプ●3.0m

ソンブレイユ
Sombreuil

香り　耐寒性

シュートがよく伸び、誘引しやすい。強健種。花芯はクリームイエローで、外に向かって白みが強くなる。フレッシュなティー系の香りが楽しめる。花もちがよく、繰り返し花を咲かせる。

●[CL(T)]●四季咲き●中輪●つる性半横張りタイプ●2.5m

マダム・イザーク・ペレール
Madame Isaac Pereire

香り

紫がかったローズ色。花径が10cmになり、花弁も多いので、非常に豪華。強香種。樹勢が強く、太い茎と多くの枝を出す。とげは鋭い。肥料をやや少なめにして育てる。

●[Old(B)]●返り咲き●大輪●半つる性半横張りタイプ●3.0m

ブラン・ピエール・ドゥ・ロンサール
Blanc Pierre de Ronsard

耐寒性

ピエール・ドゥ・ロンサールの白と言われているが、咲き始めはピンクがかる。照り葉のグリーンとのコントラストはとてもみずみずしく健康的なつるバラ。

●[CL]●弱い返り咲き
●大輪●つる性半直立タイプ
●3.0m

芽衣
Mei

耐寒性　耐病性

夢乙女(下)の枝変わり種。ピンクから白へと変化する、花色のグラデーションが美しい。花もちがよく、一番花の後に軽く剪定・追肥をすると、二番花も楽しめる。耐病性・耐候性に優れた、すばらしいつるバラ。

●[CL]●返り咲き●中輪●つる性横張りタイプ●2.0m

夢乙女
Yumeotome

耐寒性　耐病性

愛らしい房咲きの花弁が、清楚で可憐な雰囲気を漂わせる、つる性品種。枝が細くしなやかで、フェンスのほか、アーチやオベリスクなどにも仕立てやすい。花つき、花もちがよく、花色はピンクから白へと変化する。丈夫で育てやすい強健種。

●[Clmin]●弱い返り咲き●小輪
●つる性横張りタイプ●2.0m

フロレンティーナ
Florentina

耐寒性　耐病性

真っ赤な花色は華やかでいてバラとしての品格を表す。近年発売されたつる性の赤では安定した咲き方、花数、花もちなど、つるバラに求められる条件を満たしている品種。初めての人でも上手に咲かせることができる。

●[CL]●返り咲き●中輪●つる性半直立タイプ●2.5m

雪あかり
Yukiakari

耐寒性　耐病性

夢乙女から出た枝変わり種。純白の花が清楚で美しい。低いフェンス、アーチ、オベリスクとどんな仕立てにも向く。丈夫で育てやすい。

●[Clmin]●弱い返り咲き●小輪●つる性横張りタイプ
●2.0m

ルイーズ・オディエ

Louise Odier

香り

桃色の花は形の整ったロゼット咲きで、3〜5輪の房で咲き、花の後半はラベンダー色がのる。樹形は半直立性で樹勢がよく、形を乱すシュートが出やすく、枝はかたくしなやかさに欠ける。小型のつるバラとして利用でき、ややうなだれて咲くのでアーチやフェンスに向く。二番花までは四季咲きのように秋までポツポツと咲く。強い剪定にも耐え、ブッシュローズのように仕立てることもできる。

●[Old(B)]●返り咲き●中輪●半つる性半直立タイプ●2.0m

ラ・レーヌ・ヴィクトリア

La Reine Victoria

香り

深いカップ咲きの花形で、ラベンダー色を帯びたローズ色が愛らしい。咲き進むにつれて青みが強くなる。細い枝は節間が長く、葉はあまり茂らない。とげが少ないので、フェンスなどへの誘引も楽にできる。

●[Old(B)]●返り咲き●中輪●半つる性半直立タイプ●2.0m

ラベンダー・ラッシー

Lavender Lassie

香り　耐寒性　耐病性

ムスク系の香りで、ロゼット咲き。花数の多い房咲きになり、花の重みで枝が垂れ下がる。ラベンダー色を少し帯びた、透明感のあるピンクが美しい。伸長力があり、耐病性・耐寒性もかなり強い。

●[HMsk]●返り咲き●中輪●つる性横張りタイプ●3.0m

ル・ポール・ロマンティーク

Le Port Romantique

耐寒性　耐病性

ローズ色の花は外弁がやや淡い色になり、花もちがよい。クラシカルな花は3輪くらいの房で咲き、ややうつむく。枝はとげが少ないがかたく、誘引時は折れや跳ね返りに注意が必要。細い枝にもたくさん花をつけ、枝の寿命も長いので冬季の剪定では将来シュートをあまり多く切り返さずに古枝がやや多いくらいにするほうが花つきもよい。ピエール・ドゥ・ロンサールの枝変わりで、花色以外の性質は同じ。

●[CL]●弱い返り咲き●大輪●つる性半直立タイプ●3.0m

レイニー・ブルー

Rainy Blue

耐寒性　耐病性

ソフトなラベンダーパープル色で中輪。ひらひらと咲く様がオールドローズのようで自然体がとても似合う。小型のシュラブとしてトレリスなどに誘引すると、地味な花色だが上品なので見せ場になる。

●[S]●四季咲き～返り咲き●中輪●つる性半横張りタイプ●1.5m

ロサ・ムルティフローラ

R.Multiflora

耐寒性　耐病性

日本の原種の代表種。白い小花は愛らしい。まんまるの赤いローズヒップがたわわに秋色づく。品種改良でバラの台木としてとげのない品種が使われている。ミツバチが好きなムスクの香り。

●[SP]●一季咲き●小輪●つる性半横張りタイプ●2.0m

レッド・キャスケード

Red Cascade

耐寒性　耐病性

黒みがかる落ち着いた赤は、小輪種ではめずらしい。しなやかな枝は扱いやすくて用途が広く、繰り返し咲き続けるので寄せ植えにしたり、小さいトレリスに絡めたり、ベランダから垂れさせたりと、アレンジが楽しめる。

●[ClMin]●四季咲き●小輪●つる性半横張りタイプ●2.5m

レダ

Léda

香り　耐寒性

ミルキーホワイトに弁縁がローズ色で、ボタン・アイの花を咲かせる。ダマスク香。寒さに強く、フェンスやポール、オベリスクと相性がよい。名は、ギリシャ神話に登場する、絶世の美女に由来。

●[Old(D)]●一季咲き●中輪●半つる性半横張りタイプ●1.5m

壁面・パーゴラ

Wall · Pergola

安曇野

Azumino

日陰・半日陰　耐寒性　耐病性

花は5弁の小輪で多花性。とても樹勢がありよく伸びる。遅咲きで仕立てに向く。赤い小粒のローズヒップが秋は見事。広いフェンスに誘引すると映える。

●[CL]●一季咲き●小輪●つる性半横張りタイプ●2.0m

ギー・サヴォア

Guy Savoy

香り

フランス・名門デルバールの三ツ星レストランのシェフ名を冠した、「偉大なるシェフ」シリーズのひとつ。半八重咲きでピンクの濃淡の縞が入った花は、洗練された香りをもつ。生育がよく、耐病性がある。

●[S]●四季咲き～返り咲き
●大輪●半つる性直立タイプ
●1.5m

オリーブ

Olive

耐寒性

発色のよい明るい赤。3～5輪の房になって、上を向いて咲く。花もちと開花連続性は抜群。安定した景色がつくれるつるバラ。

●[S]●四季咲き～返り咲き●大輪●つる性直立タイプ
●3.0m

アルベリック・バルビエ

Albéric Barbier

日陰・半日陰　香り　耐寒性　耐病性

つぼみから咲き終わりまで、上品で優雅な花姿が楽しめる。ティー系のさわやかな香り。生育が非常に旺盛で枝がしなやかなので、壁面やパーゴラへの誘引がおすすめ。半日陰でも花を咲かせ、病気にも強い。

●[R]●一季咲き●中輪●つる性半横張りタイプ●5.0m

ロサ・バンクシア・ルテア（黄モッコウバラ）

R.Banksiae Alba

日陰・半日陰　耐病性

とげのないなじみのある早咲きのつる性バラ。その強い樹勢で5mくらい平気で伸びていく。黄色のほうが先に咲き、白はあとに咲く。白のほうが香りはよい。一番花後ある程度さっぱりと枝を抜くとあまり夏にあばれないで整えやすい。

●[Old]●一季咲き●小輪●つる性半横張りタイプ
●4.0m

ジャクリーヌ・デュ・プレ

Jacqueline du Pré

香り

純白の花弁に赤いしべがのぞく清楚なバラ。とげはきついが、見た目の雰囲気がとても美しいので人気がある。のびのびと咲かせることでこのバラのよさはさらに感じることでしょう。

●[S]●四季咲き●中輪●半つる性半横張りタイプ
●1.8m

ギスレーヌ・ドゥ・フェリゴンド

Ghislaine de Féligonde

香り　耐寒性

伸長性がある強健なつるバラ。5〜20個つぼみがつき房状に咲き始めるとアプリコットイエローから白く変化しながら咲き進む。多花性でボリュームのある花つきなので大きい仕立てに向く。一番花後切り戻すと返り咲く。

●[Hmult]●弱い返り咲き●中輪
●つる性半横張りタイプ●3.5m

バフ・ビューティ

Buff Beauty

香り　耐寒性

くすんだアプリコットイエローで、ロゼット咲き。樹形が美しく、強香。一番花の後、前年に伸びた枝の充実した芽の上で切り戻すと、二番花を咲かせる。枝が充実してくると秋花も楽しめる。

●[HMsk]●四季咲き●中輪
●半つる性半横張りタイプ
●2.0m

ファイルヘンブラウ

Veilchenblau

耐寒性　耐病性

名は「すみれ色」を意味し、別名はブルー・ランブラー。枝いっぱいにつけるシックな色合いの花が、開花につれて青みを増す。半日陰のほうが色あせない。強健。壁面やアーチ、庭木に誘引しやすい。

●[R]●一季咲き●小輪●つる性半横張りタイプ●4.0m

つる・サマー・スノー
Summer Snow,Climbing

耐寒性

フリル状の半八重の花が愛らしく、たっぷりとした房咲きになる。丈夫な品種。とげがほとんどなく、枝も細いので誘引しやすい。枝が込み合うと、ハダニの繁殖が多くなるので注意。

●[CL]●一季咲き●中輪●つる性半直立タイプ●4.0m

つる・ローズ・うらら
Rose Urara Climbing

耐寒性　耐病性

これから主力となるつるバラ。花形はバラらしい半剣弁で発色のよいローズピンク。花つき花もちがよい。枝も太すぎず誘引しやすい。小さい仕立てでも大きい仕立てでも下から花が咲く。

●[F]●四季咲き●中輪●つる性半横張りタイプ●1.0m

ロサ・キネンシス・アルバ
Rosa chinensis alba

日陰・半日陰　耐寒性　耐病性

中心部にピンクのぼかしが淡く入る、楚々とやさしい原種系のチャイナローズ。たおやかに伸びるつるに、たわわに咲き乱れる様子は圧巻。とげも少ないので、自然樹形か誘引で楽しむとよい。別名は白長春。

●[Old(Ch)]●一季咲き●中輪●つる性半直立タイプ●3.0m

ロサ・カニナ
Rosa canina

日陰・半日陰　耐寒性　耐病性

ローズヒップの代表種。バラの台木として使われる。大変な強健種。花は一重の淡いピンク。

●[Sp]●一季咲き●小輪●つる性半直立タイプ●3.0m

マダム・アルフレッド・キャリエール
Madame Alfred Carriére

香り　耐寒性

花色は淡いピンクから白に、花形はカップ咲きからロゼット咲きに変化する。フルーティーで上品な香り。高い壁にはわせると、花の重みで枝垂れ、ナチュラルで清楚な雰囲気に仕上がる。半日陰でも生育旺盛。

●[Old(N)]●返り咲き●中輪●つる性半直立タイプ●3.5m

ダブリン・ベイ
Dublin Bay

耐寒性　耐病性

燃えるようなルージュレッドの花弁が、ゆったりしたウエーブを描いて美しい。花もちがよく、輝きを保つ。耐病性にも優れ、次々と咲き続ける。

●[CL]●四季咲き●大輪
●つる性半横張りタイプ
●3.0m

スーブニール・デュ・ドクトゥール・ジャマン
Souvenir du Docteur Jamain

香り

ワインレッドのような深い赤紫色の花が、連なるように咲く。丸く短めの花弁はひらひらと波打ち、カップ状からロゼット咲きに変化する。とげが少ないので、アーチやフェンスに仕立てやすい。

●[Old(HP)]●返り咲き●中輪●半つる性半直立タイプ●3.0m

スノー・グース
Snow Goose

耐寒性

清楚なポンポン咲きの花が大きな房のスプレー咲きになり、夏以降も伸びた枝先に返り咲く。淡いムスクの香り。枝は細くしなやかで、アーチやオベリスク、フェンスや壁面、パーゴラでも楽しめる。

●[S]●四季咲き●小輪
●半つる性横張りタイプ
●3.0m

モーヴァン・ヒルズ
Malvern Hills

耐寒性　耐病性

淡いクリームイエローの花が藤の花のように咲く。高さのある仕立てに向く。垂れ下がるようにみせてもとても美しい。とげは少ない。

●[S]●返り咲き●中輪●つる性半直立タイプ●3.0m

つる・ジュリア
Jalia's Rose Climbing

丸弁平咲きで、花弁がフリルのように波打つ。茶色がかったシックな色合いの花は、秋にはいっそう深い色合いになる。数輪の房咲きになり、繰り返し咲くこともある。樹勢は弱くやや育てにくいが、美しく優雅な花姿が人気。

●[CL]●返り咲き●大輪●つる性半直立タイプ●3.0m

春がすみ
Harugasumi

耐寒性　耐病性

つるサマー・スノーの枝変わり品種。フリルがかった半八重の花が、房咲きに咲く。枝にはとげがほとんどなく、細く誘引しやすいので、仕立てる場所を選ばない。風通しが悪い場所では、うどんこ病にかかりやすい。

●[CL]●一季咲き●中輪
●半つる性横張りタイプ
●4.0m

バレリーナ
Ballerina

耐寒性

一重の花を次々とつけ、花がらを残せば秋には実も楽しめる。アブラムシやハダニがつきやすいので、シャワーでシリンジをして防除する。枝を伸ばしてフェンスなどに絡ませたり、短く切り詰めても、よく開花する。

●[HMsk]●四季咲き
●小輪●半つる性横張りタイプ●2.0m

フランソワ・ジュランビル
François Juranville

香り　耐寒性

初心者でもたくさんの花を咲かせられる。とげが少なく育てやすい品種。ロゼット咲きで花弁数が多く、5輪くらいの房咲きになる。うつむき加減に咲くので、壁面やアーチなどに添わせるとよい。リンゴのような甘い香りがある。

●[R]●一季咲き●中輪●つる性横張りタイプ
●5.0m

ポールズ・ヒマラヤン・ムスク
Paul's Himalayan Musk

香り　耐寒性

八重から半八重のポンポン咲き。伸長力が旺盛なため、狭い場所には不向き。株いっぱいに開花すると花枝が垂れるため、下から眺めるのに向く。大型のパーゴラやアーチにはわせると、すばらしい遠景をつくる。

●[R]●一季咲き●小輪
●つる性半横張りタイプ
●5.0m

ガーデン

Garden

オリビア・ローズ・オースチン
Olivia Rose Austin

耐寒性 耐病性

パールピンクがやさしい雰囲気を出す。まとまりやすく、イングリッシュ・ローズでは珍しい上を向いて咲くタイプ。ミルラ香が香る育てやすい品種。

•[S]•返り咲き•中輪•半つる性半直立タイプ•1.5m

カシス・オレンジ
Cassis Orange

オレンジで花弁まわりが朱に染まる。はっきりとしたバラらしい色、半剣弁咲きで大ぶりの樹形、赤い葉色がとても目を引く。シンボルローズになる品種。

•[HT]•四季咲き•大輪•木立性半直立タイプ•1.5m

クランベリー・ソース
Cranberry Sauce

沈んだ赤紫のつぼみからラベンダートーンの赤紫の花に。花弁が波打ち、ふっくらと開花。5〜10輪と咲き揃い、しっとりと落ち着いた雰囲気。フルーツ香にマスカット香の清々しいさわやかな香り。

•[HT]•四季咲き•大輪•木立性半直立タイプ•1.2m

クレア・オースチン
Claire Austin

耐寒性

深いカップ咲きからロゼット咲きに変化する白バラ。枝先に房状につぼみをつけ、枝がしなやかなので、誘引しやすい。ハーブ系の穏やかな芳香がある。つぼみを半分くらい摘み取ると、枝の伸びがよくなる。

•[S]•返り咲き•大輪•半つる性半横張りタイプ•1.3m

クイーン・エリザベス
Queen Elizabeth

ピンクで丸弁の抱え咲き。とても強健で1954年以降ヒットした王道の大輪種。世界バラ会連合の「バラの栄誉の殿堂」入り品種。

•[Gr]•四季咲き•大輪•直立性半直立タイプ•1.8m

エリナ
Elina

耐寒性

大輪でふくよかな花がきれいにまとまり咲く。香りは微香で、花もちがよい。世界バラ会連合の「バラの栄誉の殿堂」入り品種。

•[HT]•四季咲き•大輪•木立性半横張りタイプ•1.4m

クロード・モネ
Claude Monet

香り

ピンクとクリームイエローが交じり合う上品な花色。画家のクロード・モネの名を冠しただけあって雰囲気がとてもやさしく素晴らしい。香りはローズをベースにフランボワーズ、アニスの香りで強香。鉢植えにも向く。
●[S]●四季咲き●中輪
●半つる性半直立タイプ
●1.0m

サイレント・クラウド
Silent Cloud

耐寒性

セミダブルのアイボリー色の花。花芯が黄色でかわいい。多花性でこんもりと剪定するときれいにまとまる。鉢でも育てやすい。
●[S]●四季咲き●中輪●半つる性半直立タイプ●1.4m

ザ・マッカートニー・ローズ
The McCartney Rose

香り　耐寒性　耐病性

ピンクの半剣弁平咲きで、花弁の枚数はやや少ない。一輪咲き、または数輪の房咲きになる。花つきは中程度だが、耐病性が強く、育てやすい。甘い芳醇な香りで、バスエッセンスやポプリなどにも使われる。
●[HT]●四季咲き●大輪●木立性半横張りタイプ●1.2m

しのぶれど
Shinoburedo

香り　耐寒性　耐病性

紫のブルーローズの中でもカップ咲きで比較的丈夫。ダマスクモダンの香りとティーの香りが折り重なった上品な香り。「しのぶれど　色に出でにけり　わが恋は」と歌った平兼盛の和歌にちなむ。
●[F]●四季咲き●中輪
●木立性半直立タイプ●1.2m

シャルル・ドゥ・ミュ
Chaerles de Mills

香り　耐寒性

濃赤色に紫色が混ざったつややかな花色で、時間の経過とともに赤紫色に落ち着く。外側はカップ咲き、内側はクォーターロゼット咲きになる花形は、オールドローズを代表する形といわれる。強い香りを放つ。
●[Old(G)]●一季咲き●大輪●半つる性半横張りタイプ●1.2m

ストロベリー・アイス
Strawberry Ice

別名ボーダーローズ（ボデュールローゼ）。白にピンクの覆輪が入る。強い切り戻しに耐えるので鉢植えや花壇、またシュートがよく伸びるので、フェンスやアーチにはわせても楽しめる。強健種。
●[F]●四季咲き●中輪●木立性横張りタイプ
●1.0m

ダブル・デライト
Double Delight

香り

名は「二重の喜び」を意味し、クリーム色に鮮やかな赤の覆輪の入る花弁の美しさと、フルーティーな強い香りによる。枝変わりの、「つるダブル・デライト」もある。
●[HT]●四季咲き●大輪●木立性半直立タイプ●1.2m

パパ・メイアン
Papa Meilland

香り

「黒バラ」の名花として人気の高い品種。ベルベットのような光沢と質感をもつ剣弁高芯咲きで、花もちはよいが、花つきが悪い。高貴なダマスク香も、花姿にふさわしい。
●[HT]●四季咲き●大輪●木立性半直立タイプ●1.5m

ディスタント・ドラムス
Distant Drums

耐寒性　耐病性

丸弁の平咲きで、アプリコットベージュに外弁がラベンダーピンクの色合いも人気がある。春から秋まで次々と開花する。生育旺盛で耐寒性・耐病性も強いので、初心者向け。花壇でも鉢植えでも楽しめる。
●[S]●四季咲き●中輪●木立性半直立タイプ●1.2m

パロマ・ビアンカ
Paloma Blanca

耐寒性　耐病性

巻きの強いカップ咲きで、花弁が反り返ったように咲くのが特徴的。庭植えはもちろん、ふんわりとナチュラルなイメージは、鉢植えに好適。ブーケにすると愛らしさがきわだつ。
●[HT]●四季咲き●中輪●木立性直立タイプ●1.0m

デスデモーナ
Desdemona

香り　耐寒性　耐病性

カップ咲きの白花。時にうっすらとピンクがかるときもある。咲き始めが特にそう感じられる。整った丸みのあるシュラブとなる。ダマスクの香り。とても育てやすい。
●[S]●四季咲き●中輪●半つる性半直立タイプ●1.3m

ハンス・ゲーネバイン
Hans Gönewein

耐病性

シルキーピンクで中輪。愛らしいやさしい感じが魅力。横張り性で広がるが四季咲き性が強いので強めに切り戻してある程度コンパクトに育てられる。丈夫で育てやすい。
●[F]●四季咲き●中輪●半つる性半横張りタイプ●1.2m

ピース
Peace

1945年、平和を願って名づけられた。花弁の縁はピンクに染まる。強健な巨大輪の誕生は画期的で、国際コンクールでの受賞多数。1976年、世界バラ会連合初の、「バラの栄誉の殿堂」入り。
●[HT]●四季咲き●大輪
●木立性半横張りタイプ●1.5m

フランス・アンフォ
France Info

香り　耐病性

ミントやカシス、柑橘系フルーツのような香り。2002年に、これを作出したデルバール社は、高級香水のような花の香りのバラを作る名門。別名スヴニール・ダムール（シリーズ）。初心者の花壇や鉢栽培に向く。
●[HT]●四季咲き●大輪
●半つる性半横張りタイプ
●1.0m

ヒーリング
Healing

香り

ウエーブがかったピンクの花弁が重なり合い、かなりの大輪になる。ミルラとティーの混ざった珍しい香り。夏の暑さに少し弱く、下葉が黄色くなることもある。
●[HT]●四季咲き●大輪
●木立性半直立タイプ●1.3m

プラム・グレイ
Plum Gray

香り

花はシックなラベンダーパープルで、花弁は透き通るような色のファンタジックな雰囲気が出る。半直立性であまり広がらない。秋花は特に美しい。
●[S]●四季咲き●中輪●木立性半直立タイプ●1.2m

ブルー・ピリオド
Blue Period

香り

剣弁高芯の大輪花。紫のすっきりしとした花色。半直立性で大ぶり。花もちよく切り花でも楽しめる。3輪以上の房咲きになる場合が多い。
●[HT]●四季咲き●大輪●木立性半直立タイプ
●1.5m

ブルー・フォー・ユー
Blue For You

気温により、グレーがかった紫が、鮮明なブルーに変化する。10〜15輪もの房咲きになることがある。ブルー系の中では性質が強く、シュラブ状になるので、鉢植えや小型のオベリスクにもよい。
●[F]●四季咲き●中輪●木立性半直立タイプ●1.5m

ベン・ウェザー・スタッフ
Ben Weatherstaff

香り　耐寒性　耐病性

外弁は淡いベージュで中心に向かってアプリコットが強くなる。中大輪で花弁の先が波打つ独特の咲き方になる。香りはティーとミルラの上品な香り。
●[HT]●四季咲き●中輪
●半つる性直立タイプ●1.3m

ベル・イシス
Belle Isis

香り

ソフトピンクのカップ状のロゼット咲き。オールドローズの中でも特に整った花形で人気。強香のダマスクの香りが魅力。つるバラとして扱ってもよい。
●[Old]●一季咲き●中輪●半つる性半直立タイプ●2.0m

マチルダ
Matilda

耐病性

白からピンクの繊細なグラデーションに、レースを重ねたような花形で人気。コンパクトな樹形なので、鉢植えに向く。また、花つき、花もちともによい。秋までよく花を咲かせ、雨・病気・暑さ寒さに強い。
●[F]●四季咲き●中輪●木立性半横張りタイプ●1.0m

ミセス・アイリス・クロー
Mrs. Iris Clow

ほんのり薄いアプリコット色で、花芯に近くなるほどピンクが強くなる。丸弁の浅いカップ咲きは房咲きになり、花つき、花もちがよい。特に日当たりのよい環境を好む。
●[F]●四季咲き●中輪●木立性半横張りタイプ●1.2m

ポール・セザンヌ
Paul Cézanne

香り　耐病性

フランス・名門デルバールの作出した有名画家の名を冠したペインターシリーズの1作品、「偉大なるシェフ」シリーズのひとつ。半八重咲きでピンクの濃淡の縞が入った花は、洗練された香りをもつ。生育がよく、耐病性も強い。
●[S]●返り咲き●中輪●半つる性半横張りタイプ●1.8m

ムンステッド・ウッド
Munstead Wood

香り

「クリムソン」と呼ばれる深紅色の品種。つぼみのうちは浅いクリムゾンカラーで、開花するにしたがって、中心から深い赤に変わっていく。香りは個性的で、強いオールドローズ香に、軽いフルーツ香が混じる。
●[S]●四季咲き●大輪●半つる性半横張りタイプ●0.8m

ラ・ドルチェ・ヴィータ
La Dolce Vita

耐病性

オレンジ色に黄色がのった花は数輪の房咲きでカップ咲き、花弁の外側は赤みを帯びる。ティー香があり、花形のもちもよい。先端はよく分岐し株一面に花をつけ、鉢植えにも向く。葉は濃い緑色で花をよく引き立てる。冬季剪定で樹高の1/2くらいを目安に切り戻すとよい。

●[S]●四季咲き●中輪●半つる性半直立タイプ●0.8m

ラプソディ・イン・ブルー
Rhapsody in Blue

赤紫がグレーを帯びていくのをゆっくりと楽しめることから、「新しいタイプの紫バラ」として注目される。花壇や鉢植えでは強く剪定して樹高を抑え、フェンスやオベリスクにはわせても。枝が黄色くなりだしたら新しい枝と更新するとよい。

●[S]●四季咲き●中輪●半つる性半直立タイプ●1.5m

ラ・フランス
La France

香り

クラシックな雰囲気が漂う、ハイブリッド・ティーの1号品種。すっきりとしたピンクの花は季節を問わず見事に咲き続ける。花弁に丸みがあり、強いダマスク香が特徴。春のうどんこ病に注意。

●[HT]●四季咲き●大輪●木立性半横張りタイプ●1.2m

リリカル
Lyrical

耐寒性　耐病性

ローズピンクのはっきりとした花色。花弁は厚く花もちがよい。3～5輪の房になって咲く。花枝は長く大ぶり。樹勢もあり丈夫で育てやすい。秋花も見事。

●[S]●四季咲き●大輪●半つる性半横張りタイプ●1.8m

ロサ・ルゴサ
Rosa rugosa

耐寒性　耐病性

日本での呼び名はハマナス。極寒の寒さにも耐えられる。交配親にも使われ、多くの耐寒性をもつ品種が出た。ローズヒップは大きいオレンジの実になる。

●[Sp]●返り咲き●中輪●半つる性半直立タイプ●1.5m

ローズ・アントワネット
Rose Antoinette

香り　耐寒性　耐病性

ふくよかなロゼッタ咲き。ソフトピンクの花色と香るダマスクの芳醇な香りがピッタリでロマンチック。のびのびと咲かせると本来のよさが出る。花が重くなる場合は支柱を隠し立てるとよい。

●[S]●四季咲き～返り咲き●中輪●半つる性横張りタイプ●1.5m

Things to Know about Roses

バラについて知っておきたいこと

バラには、いくつかの約束事があります。
バラ栽培の奥深い楽しみを知るための道しるべとして、
頭の隅に入れておいてください。

Three main groups

バラの品種は3つのグループに分類されます

バラは、バラ科バラ属の花木です。野生種は約150〜200種あり、北半球にのみ分布しています。薬用植物や香料として古代から栽培されてきましたが、観賞のために新品種づくりが本格化したのは、19世紀のことです。フランス皇帝ナポレオン一世の皇妃ジョセフィーヌがこよなくバラを愛し、世界のバラを集めて品種改良を支援。膨大なコレクションを築き上げたことが、園芸植物としてのバラの発展に大きく貢献しました。現在では3万種以上あるといわれ、3つのグループに分類されています。

Old Roses

オールドローズ

おもに一季咲き。一部に返り咲き、四季咲きの品種もあり

園芸品種のバラは、原種をルーツに改良されてきたものです。バラ改良の歴史の大きな節目は1867年、モダンローズ第1号「ラ・フランス」の誕生のときでした。それ以前に作り出された系統のバラをオールドローズと呼びます。自然と溶け込むようなワイルドな樹形になるものが多く、ナチュラルで気品のある花、多様な香りも魅力です。

「ベル・イシス」の花色はガリカローズでは少数派の淡いピンク。花径6cmほどの美麗な花は奥ゆかしい

Wild Roses

ワイルドローズ（原種［Sp］）大半は一季咲き

世界に自生する野生種のバラ。多くは一重咲きで、秋に実を結びます。日本には13種の原種が自生し、その中の3種が現在の品種に貢献しました。ロサ・ルゴサ（ハマナス）は耐寒性を伝え、ロサ・ウィクラーナ（テリハノイバラ）はつるバラのルーツ、ロサ・ムルティフローラ（ノイバラ）は房咲きバラのルーツとなりました。ワイルドローズの素朴な美しさを庭で楽しむには、できるだけ剪定《せんてい》せず、自然な枝ぶりを生かした誘引を心がけるとよいでしょう。

「ロサ・バンクシアエ・ルテア」（キモッコウバラ）は野趣と可憐さをあわせもつ人気の高いとげなしの原種バラ

Modern Roses

モダンローズ

おもに四季咲き。一部に返り咲き、一季咲きの品種もあり

「ラ・フランス」以降に作り出された系統のバラのことです。その魅力は、花形、花色の多彩なバリエーションと、四季咲き性の品種が大半を占めることにあります。主流は、長らくハイブリッド・ティーの系統でしたが、21世紀の現代ではイングリッシュローズに代表されるようなオールドローズの風情をもつバラへと移り変わってきています。

「ウィンディ・ナイト」の渋い紫色の花は、モダンローズならではの美しい色彩

おもなオールドローズの系統	特　徴
アルバ (A)	一季咲き。香りがよい白花か淡いピンクの花。 灰緑色の葉をもつものが多い。直立ぎみの半つる性
ブルボン (B)	返り咲き性。コウシンバラ*×オータム・ダマスクの系統。 香りがよい。樹高はさまざま
ケンティフォーリア (C)	一季咲き。〝百枚の花弁〟の由来どおり、花弁が多い。 香りがよい。枝がカーブを描くので支柱が必要
チャイナ (Ch)	ほとんどが四季咲き性。コウシンバラ*から改良された系統。 コンパクトな樹形
ダマスク (D)	ほとんどが一季咲き。秋にも少し返り咲く種類はオータム・ダマスクと呼ぶ。ダマスク香という独特の香りをもつ。細枝でとげが多い
ガリカ (G)	一季咲き。花はほとんどが紅色で、香りがよい
ハイブリッド・パーペチュアル (HP)	四季咲き性が強く、モダンローズに近い。 枝は放射状に伸び、つるバラとして使える
ハイブリッド・ルゴサ (HRg)	四季咲き性のものが多い。 ロサ・ルゴサ(ハマナス)の交雑種で、寒さに強い
モス (M)	多くは一季咲き。ガクや花首にコケのような腺毛(せんもう)が密につく。ミニ、つるなど樹高はさまざま
ノワゼット (N)	四季咲きのものが多い。 ロサ・モスカータ(夏咲き)×チャイナ系の系統。遅咲き
ポートランド (P)	四季咲きのものが多い。オータムダマスク×チャイナ系の系統。 香りもよい
ティー (T)	四季咲き。ティー系の香り。 樹形があばれるが、コンテナにも向く

*コウシンバラ……ヨーロッパのバラに四季咲き性を伝えた中国の原種バラ、ロサ・キネンシスを日本では古くからこう呼んだ。

おもなモダンローズの系統	特　徴
ハイブリッド・ティー [HT]	大輪・四季咲きの木立性
フロリバンダ [F]	中輪房咲き、四季咲きの木立性
シュラブ [S]	半つる性でおもに四季咲き、返り咲き
クライミング [CL]	つる性で四季咲きと返り咲き、一季咲きのものがある
ハイブリッド・ムスク [HMsk]	四季咲き性で半つる性。横張りのものが多い。ムスク香がある
ミニチュア [Min]	小輪で小型の四季咲きブッシュローズ。 つる性のものは[ClMin]。四季咲きと返り咲き、一季咲きがある

※ほかにもイングリッシュローズ、ロマンチカローズ、アンティークローズ、フレンチローズなど、商品名として流通しているバラも多い。

ランブラー [R]　伸長力が強く、しなやかな枝をはうように伸ばすつる性バラ。
オールドローズとモダンローズのどちらも含む

Rose variety

花形には バラエティがあります

みっしりと花弁（花びら）が折り重なったロゼット咲き、ふっくらと丸みを帯びたカップ咲き、黄色い雄しべがのぞく平咲きなど、バラの花の形はとても多彩です。花弁の形状や枚数などによっても表情がさまざまに異なるうえに、ひとつの花がカップ咲きからやがてロゼット咲きになっていくなどの変化を見せる品種も数多くあって、選ぶ楽しみはつきません。バラエティに富む花形からおもなパターンをご紹介します。

東西のバラの 出合いが生んだ 奥深い香りの世界

18〜19世紀に海を渡った中国のバラは、ヨーロッパのバラに3つの贈り物をしました。それは、「四季咲き性」と、モダンローズの時代の扉を開いた「剣弁高芯咲きの花形」。そしてもうひとつ、「ティーの香り」です。ヨーロッパのバラがもつ甘く華やかなダマスク系の香りと、中国のバラだけが備えていた上品でさわやかなティー系の香りが出合い、モダンローズの香りは豊かさを増しました。

Shapes and Forms

一重平咲き

5枚の花弁が、ほとんど平たく開く（ロサ・ムルティフローラ）

カップ咲き

横から見ると椀状に見える花形（セプタード・アイル）

ロゼット咲き

花びらが花芯から放射状に重なり合って咲く（グラニー）

クォーターロゼット咲き

花びらの重なりを4等分したようなロゼット咲き（ファンタン・ラトゥール）

剣弁高芯咲き

花弁の端が反り返り、中心部がせり上がるように咲く（クリムゾン・グローリー）

半八重（セミダブル）咲き

花弁が8〜14枚の花（ロサ・ガリカ・オフィキナリス）

ポンポン咲き

小さな花びらが半球状に咲く（ブルー・マジェンタ）

Rose types

バラの樹形は3タイプあります

大きく生長する品種を小さなスペースに植えて手に負えなくなったり、さほど枝が伸びない品種を植えたために、いつまでもアーチがつながらないなど、樹形選びの間違いはバラ栽培の楽しみを台なしにしてしまいます。バラには大きく分けて3タイプの樹形があり、樹形によって植える場所や仕立て方に向き不向きがあるのです。品種を選ぶときに必ずチェックしましょう。

木立《きだち》性 (ブッシュタイプ)

木バラとも呼ばれます。根元から数本の枝が直立して伸びる「株立ち」樹形で、高さ1m以内で花を咲かせるものが多く、支柱などがなくても自立できます。野生のとき、ほかの植物に覆われずに独立して生育していた性質を引き継いでおり、日光を十分に受けられる場所を好みます。庭の前面のポイントになり、剪定しだいで樹高を調節できます。ミニチュアローズ、ハイブリッド・ティー、フロリバンダ、一部のオールドローズなどがこのタイプです。

半つる性 (シュラブタイプ)

野生のとき、湾曲した枝を広く伸ばし、ほかの植物や周囲の自立しているものに、覆いかぶさるように生長していた性質を受け継いでいます。枝を自然に伸ばすと、枝先が垂れてこんもりした樹形になります。ナチュラルな樹形を生かすとよいでしょう。庭では枝ごとに高低差をつけて剪定し、自由に面をつくって咲かせることもできて重宝します。長く枝を伸ばして誘引すれば、つる性バラのようにも使えます。多くのオールドローズ、大半のイングリッシュローズ、フレンチローズなどがこのタイプです。

つる性 (クライミングタイプ)

一般につるバラと呼ばれるタイプです。樹高1.5m以上になり、上へ横へと伸び、木の枝などにのって日光を受けようとする性質をもちます。その長い枝は自ら巻きつかないので誘引して、庭にすてきなバラの景色をつくりましょう。枝の伸びが2m程度で止まるもの、5m以上伸びるもの、枝が太くてかたいもの、細くてしなやかなものなど、種類はさまざまあるので、はわせたいスペースに合った樹高の品種を選びましょう。

Life cycle of a rose

バラには生育期と休眠期があります

冬にすべての葉が散ったからといって、バラが枯れてしまったと早合点しないでください。それはバラの冬支度なのです。バラの一年の生育サイクルは、生育期と休眠期の2つに分かれます。春から秋の温暖な時期は、根から養分や水分をぐんぐん吸い上げて生長し、花を咲かせます。一方、冬は枝の水分を減らして養分を株全体にため込み、春が来るのをじっと待つのです。生育期と休眠期には、それぞれやるべき作業があります。

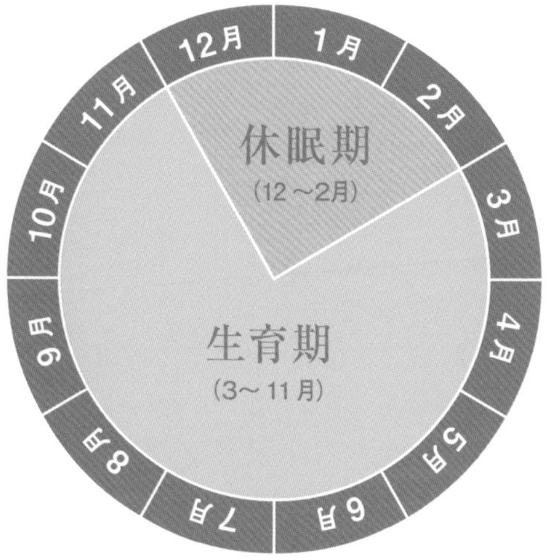

関東地方以西の暖地基準
※寒冷地の生育期は5〜9月と短い

生育期
(3〜11月)

花を咲かせ、枝葉を伸ばし、光合成を行って養分を蓄える時期

[必要な作業]

- 日光によく当て、光合成させる
- 生長に必要な水や肥料を与える
- 込み合う枝を間引いて蒸れを防ぐ
- 消毒して病害虫から葉と枝を守る
- 四季咲き性のバラは剪定を繰り返す

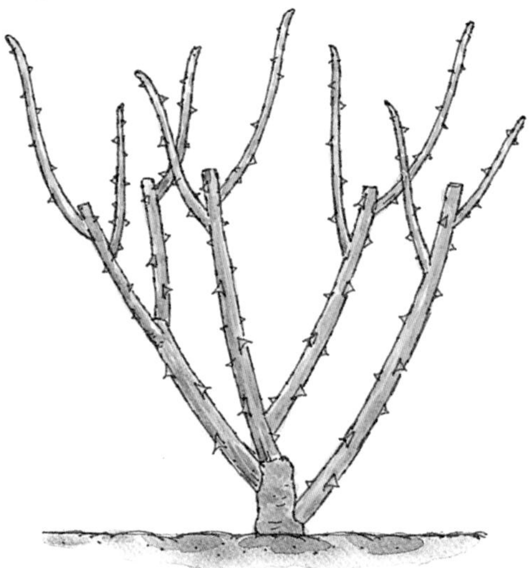

休眠期
(12〜2月)

休眠前に養分を株全体に集め、葉を落とし、枝の水分を減らして寒さに耐える時期

[必要な作業]

- 翌春、思いどおりの場所に花を咲かせるために、枝を剪定、誘引する
- 植えつけ、移植、天地返しを行う
- 翌春の芽吹きのための肥料を与える

Grows from the top bud

先端の芽ほど勢いよく生長します

バラは、もっとも高い位置にある芽に栄養が優先的に送られるという性質をもっています。すなわち、いちばん高い部分ほどよく生長します。これを「頂芽優勢《ちょうがゆうせい》」といい、多くの樹木が備えている性質です。バラの芽は葉のつけ根にあります。枝の先端の芽（生長点）が伸びている間は、そのほかの側芽《そくが》は休眠していますが、枝を剪定すると、残った枝のいちばん高い位置にある側芽に栄養が集中して休眠が解かれ、芽が伸びて新しい枝になります。この性質を利用して、バラの樹形をつくっていきます。好きな樹高に調節したり、充実したよい芽を選んでよりよい花を咲かせたりすることもできます。

頂芽優勢とは？

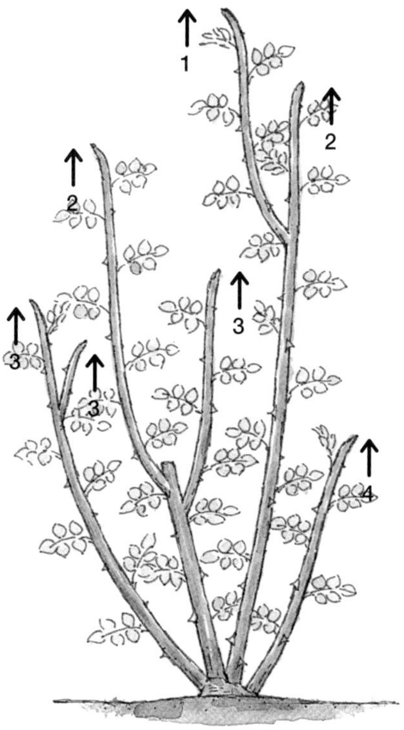

もっとも高い部分に優先的に栄養が送られ、よく生長する

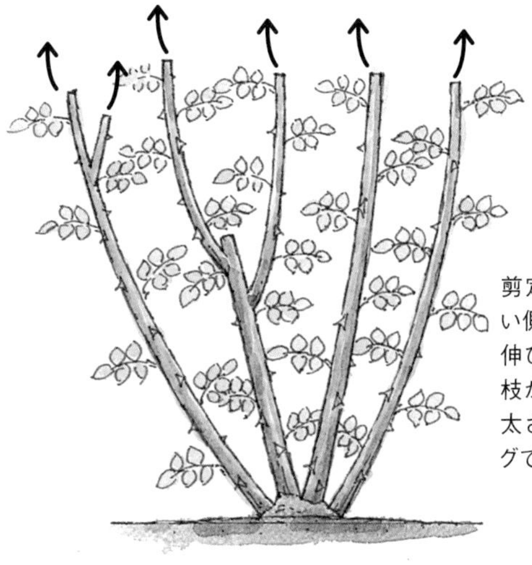

剪定すると切り口に近い側芽が頂芽になって伸びる。また、すべての枝が同じくらいの高さ、太さなら、同じタイミングで伸びる

バラの芽は葉のつけ根にある

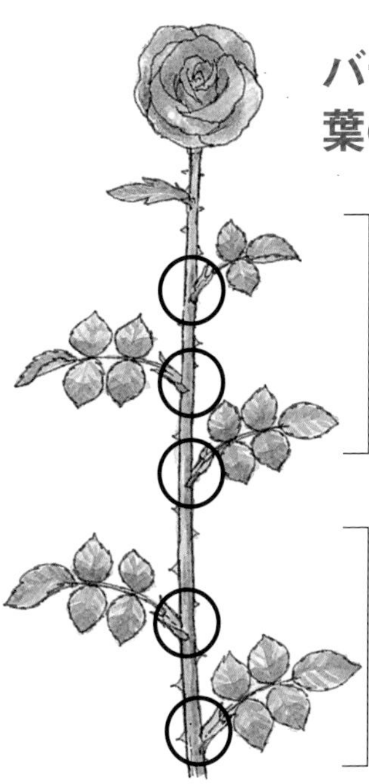

高い位置にある芽ほど休眠が浅い。花が散る、先端が病害虫の被害を受けるなどすると、頂芽として生長する

低い位置にある芽ほど深く休眠する。低い位置で剪定すると、芽が動きだすのに時間がかかるが、太めの場所で切ることになるので力強く伸び、花も大きく咲きやすい

Rose shoots

「シュート」を更新することで生長し続けます

5月から10月にかけて、バラの根元近くや枝の途中から伸びてくる勢いのよい太い枝を「シュート」と呼びます。多くの樹木が年々主幹を高く、太く生長させていくのとは違って、バラはシュートが翌春以降の主幹になります。シュートの寿命はたいてい3～5年にすぎず、新しいシュートが出ると古いシュートは衰えて、やがて枯れていきます。こうして、シュートを更新するたびにバラは若返り、毎年勢いよく生長し続けることができます。

シュートの伸び方

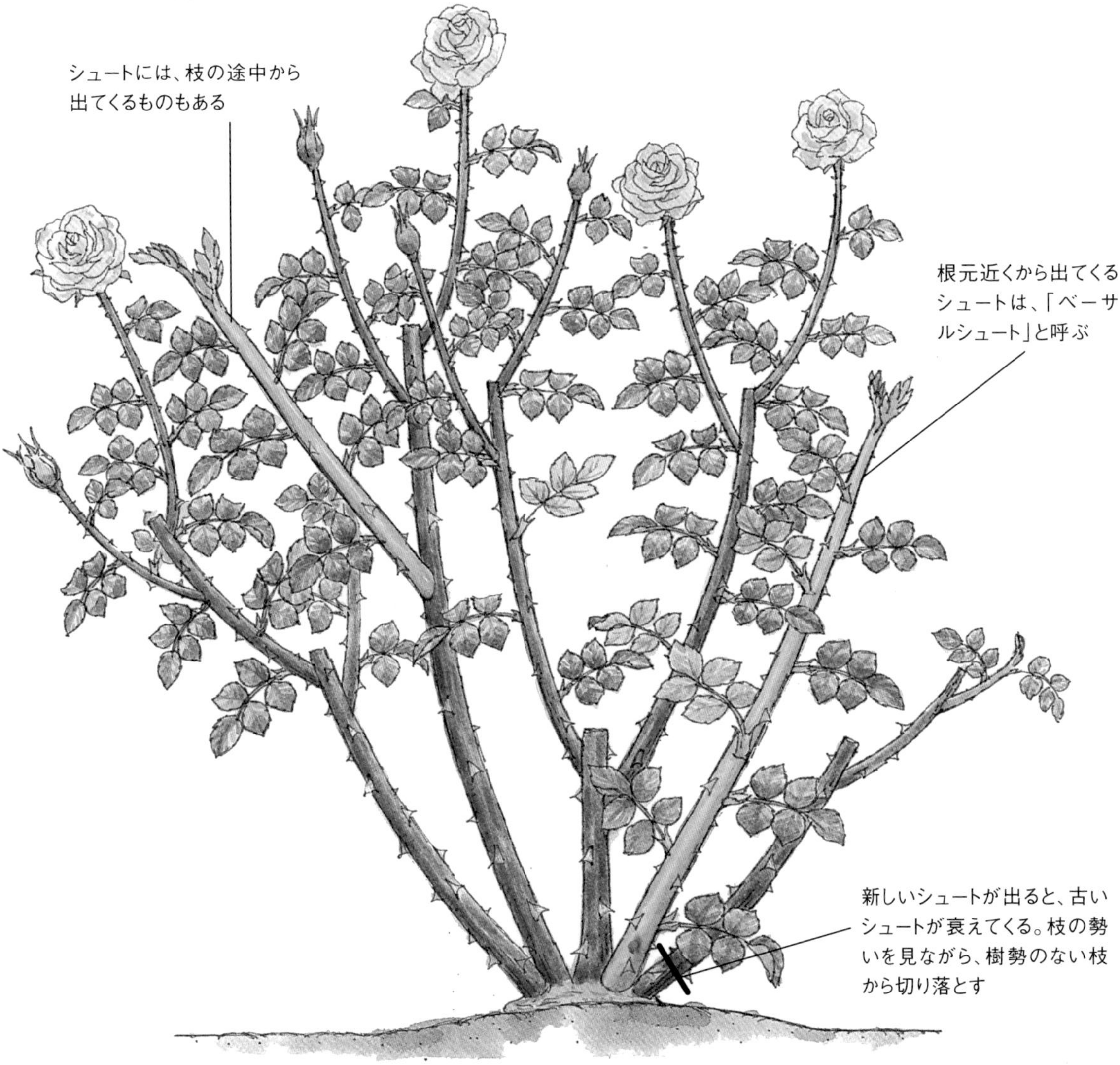

After the bloom

花が咲くと、
枝の生長が止まります

バラの花は、枝(伸びた芽)の先端に咲きます。つぼみをもつと、枝はそれ以上伸びなくなります。花が咲いて散ると、しばらくして枝先に近い側芽が伸びだして(頂芽優勢)、四季咲きのバラはその先端に再び花を咲かせます。花がらが散るのを待たずに切り戻してやれば、枝の再生長が早まって二番花を早く楽しめます。また、四季咲きの品種は、新たに伸びてきたシュートにも花をつけますが、ベーサルシュートは枝を長く伸ばして丈夫な主幹に育てたいので、枝先につぼみがついたらすぐに、先端を15㎝ほど切り戻し(ピンチし＝摘心し)て側芽を伸ばしましょう。

つぼみをつけると枝の伸びは止まる

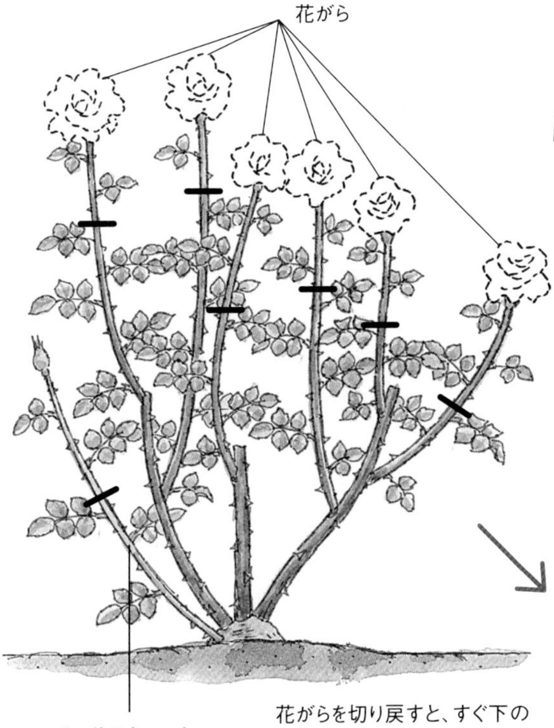

花がらを切り戻すと、すぐ下の側芽が頂芽になって伸びだす。ベーサルシュートがつぼみをつけたら、枝先15㎝で切る

四季咲き性の品種は、剪定後に伸びた枝に二番花をつける

Spreading climbing roses

つるバラは休眠期に枝を曲げて花数を増やします

つるバラのシュートは先端を上へ向けると、「頂芽優勢」の性質によってぐんぐん伸びていきます。放っておくと枝先が曲がり、樹勢が弱まってシュートの伸びが止まってしまうので、伸びだしたシュートにはすぐに支柱を立てたり、周囲のものに枝先を固定する必要があります。夏に伸ばしたつるバラのシュートは、先端を上へ向けたままでは翌春も先端の芽に栄養が集中して1～2芽しか花をつけません。花をたくさんつけさせるには、冬の休眠期に枝をなるべく水平に曲げましょう。水平に曲げた枝の側芽は、みな同じ高さになるため栄養がほぼ均一に送られて、多くの側芽が生長して花を咲かせます。

フェンスに咲き誇る「春がすみ」。冬に枝をできるだけ水平に曲げて誘引している

Training a climbing rose

つるバラの生長と誘引のサイクル

夏

支柱などで枝をまっすぐ上へ向けて支え、生長を促す

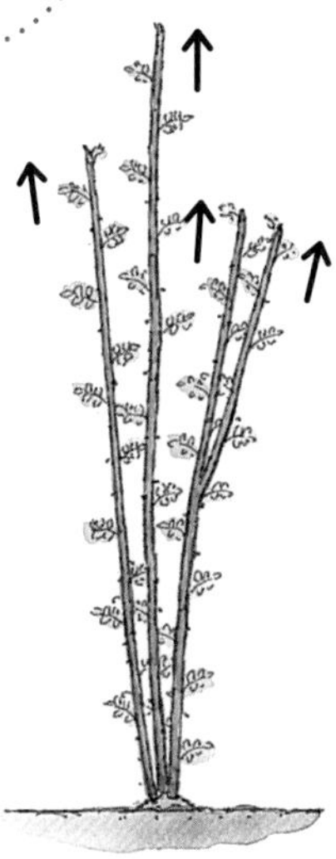

冬

咲かせたいところへ枝先を誘引して、先端は切る

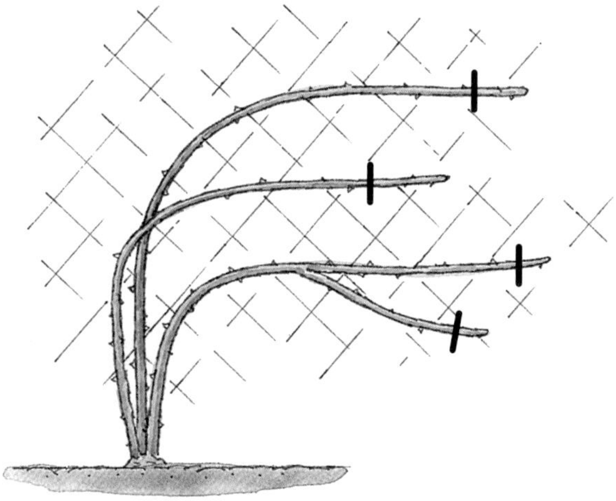

翌春

枝先に近いところの芽が伸びて開花する

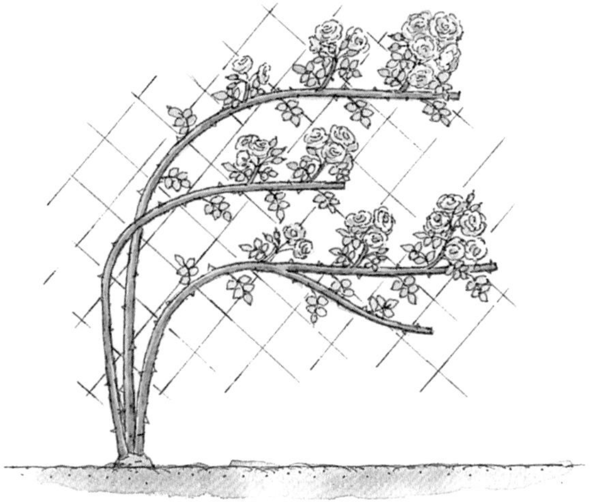

翌夏

曲げたところからシュートが伸び、さらに上へ枝を伸ばす

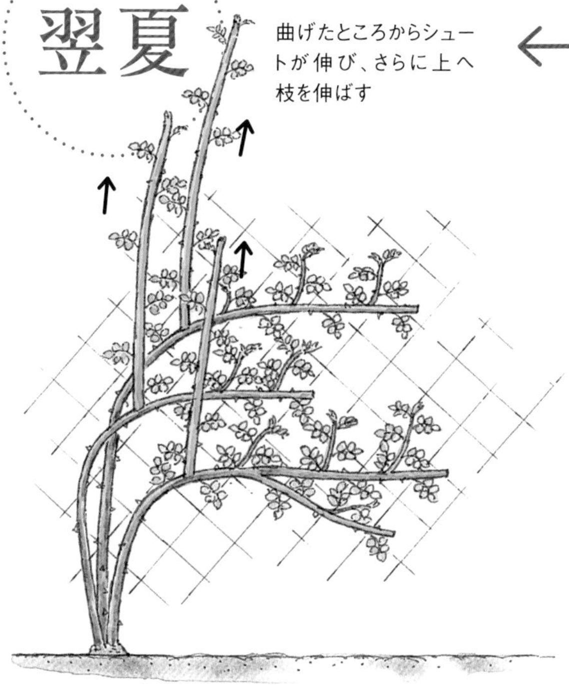

Column 1

庭のバラを部屋に飾る楽しみ

特別な日限定の楽しみとしてでなく、何でもない日々にこそ飾ってほしいのが、自分で育てた庭のバラです。茎がまっすぐな花屋さんのバラと違って、庭で育てたバラはどれも表情がさまざま。部屋に飾ると、そのオンリーワンのかわいらしさをあらためて実感できます。品種それぞれに、四季咲きなら春の顔、夏の顔、秋の顔があり、一季咲きの花には秋に紅葉が美しいものや、実がかわいいものもあって、バラから季節を感じとるのは楽しいものです。

どんなに忙しくても、娘たちの机の上にはいつもバラを飾ってあげたいと思って、ずっとそうしています。部屋の中に生きた花があると、知らず知らずに気分が華やぐようですね。今朝はハッピーにピンクでとか、試験日の朝は少しおとなしめな色にしようとか、あんまりかわいかったのでお弁当の中に1輪入れて驚かせたこともあります（笑）。そうやって庭のバラを生けることで、じつは私自身が癒《い》やされてもいるのです。

庭のバラがもっとも香るのは、朝日に当たっている時間帯です。朝、庭の見回りをしながら、バラを摘んで生けてみてください。リビングルームや玄関、キッチンの出窓やベッドサイド、ふだんの暮らしの中でふと目にとまりそうなどんな場所でもよいのです。小瓶に1輪挿すだけでもいいし、茎を長く切れないときは花首だけ切って、ガラスの深皿などに水を張って浮かべてもきれいです。庭のバラは、部屋の中でも家族みんなに、ぬくもりと幸せを与えてくれます。

切ったバラを長もちさせるために

❶ バラは朝のうちに切ってくる。よく切れるナイフかはさみを使用すること。ボウルなどに水を張り、庭から摘んだバラの茎の切り口を再び水中で斜めに切り落とす。斜めに切ることで、水を吸い上げる面積が増える。

❷ 水がしっかり上がるように、バラが花首までつかるような深い器に冷たくてきれいな水を張り、バラをなるべくまっすぐに立てて1時間ほど浸しておく。または、新聞紙で花と葉を巻いて切り口のみ出しておき、鍋に2〜3cm水を入れて沸騰させた湯に切り口を1分ほどつけて、すぐに冷水へ戻す方法もある。

❸ バラを生ける器をよく洗い、バラを飾る。このとき、水につかる部分の葉はすべて取り除く。水に延命剤を入れておくとさらに長もちする。

Rose Cultivation Basics

きれいに花を咲かせる栽培の基本

開花までの生長を見守ることもバラを育てる喜びです。
季節ごとの作業のポイントをしっかりおさえておけば、
バラはきっとたくましく生長してくれます。

バラの生育と年間作業カレンダー

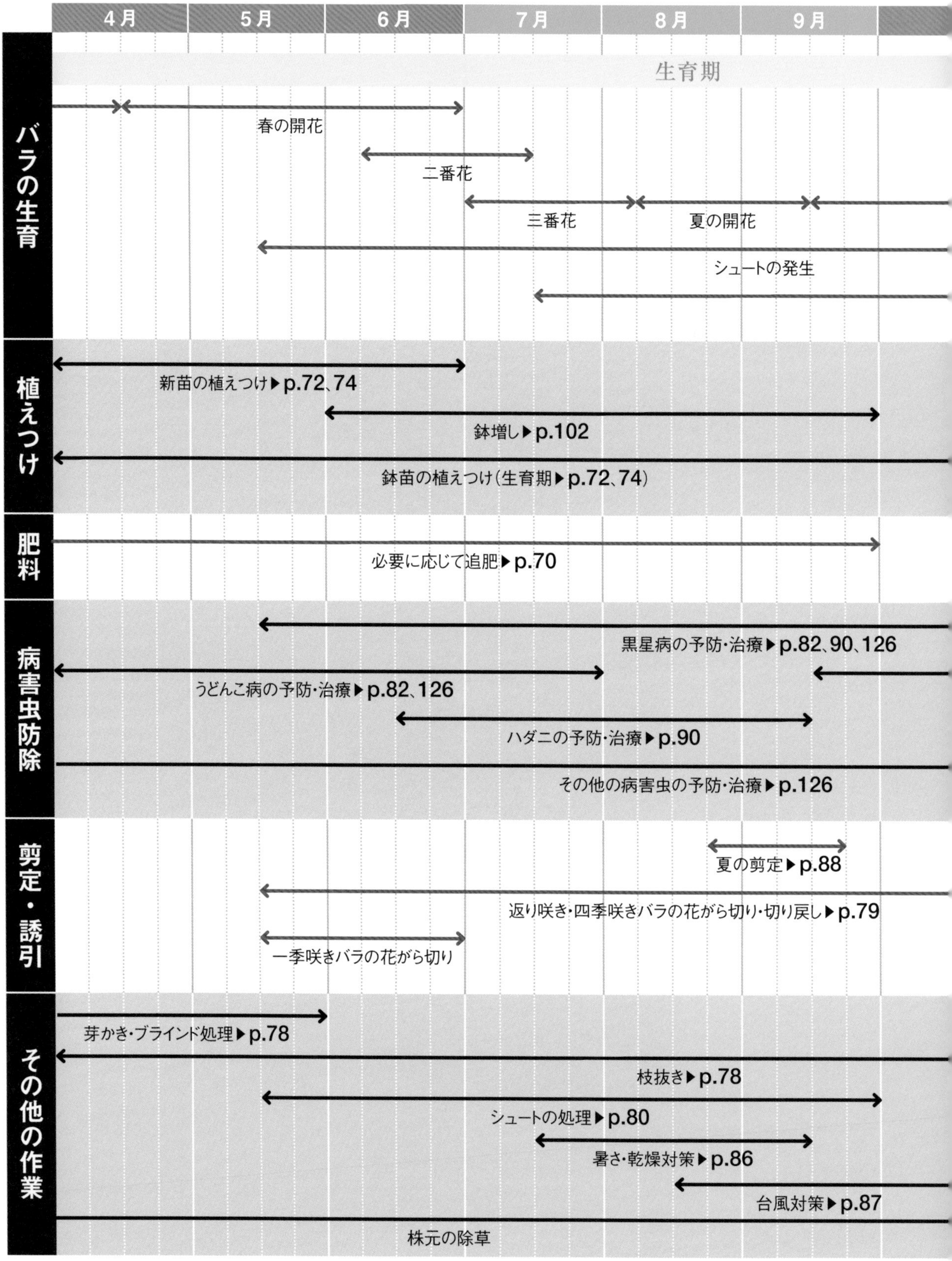

関東地方以西の暖地基準

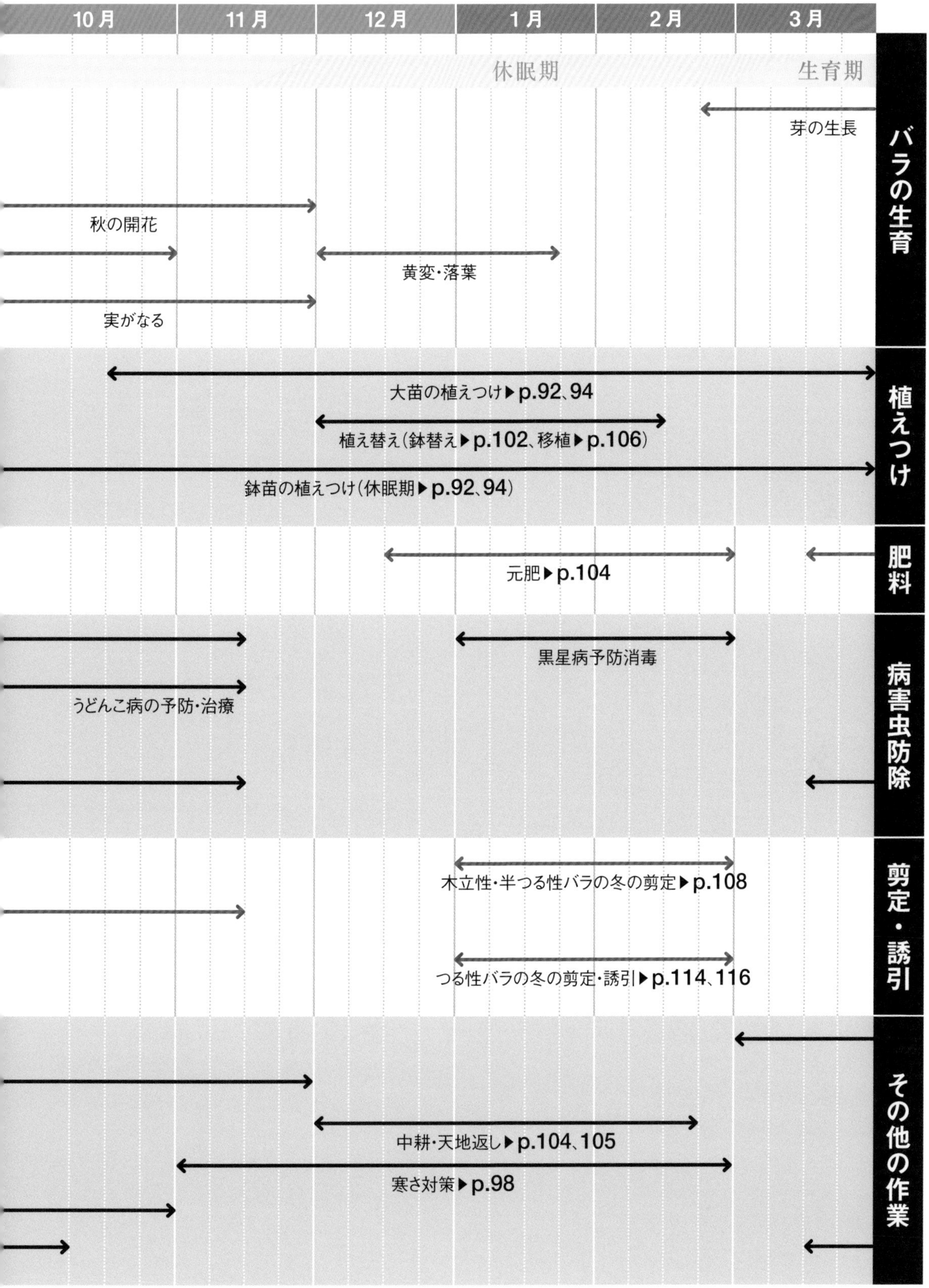

植えつけ後の栽培の流れ

日当たりと風通しのよい場所、水はけがよくて肥料もちのする土壌が、バラにとっての快適環境です。
バラの健やかな生長のために、できるだけ理想の環境に近づけるように世話してあげましょう。
新しいシュートをしっかり守り育て、花がらは切って側芽の生長を促すことも大事なポイントです。

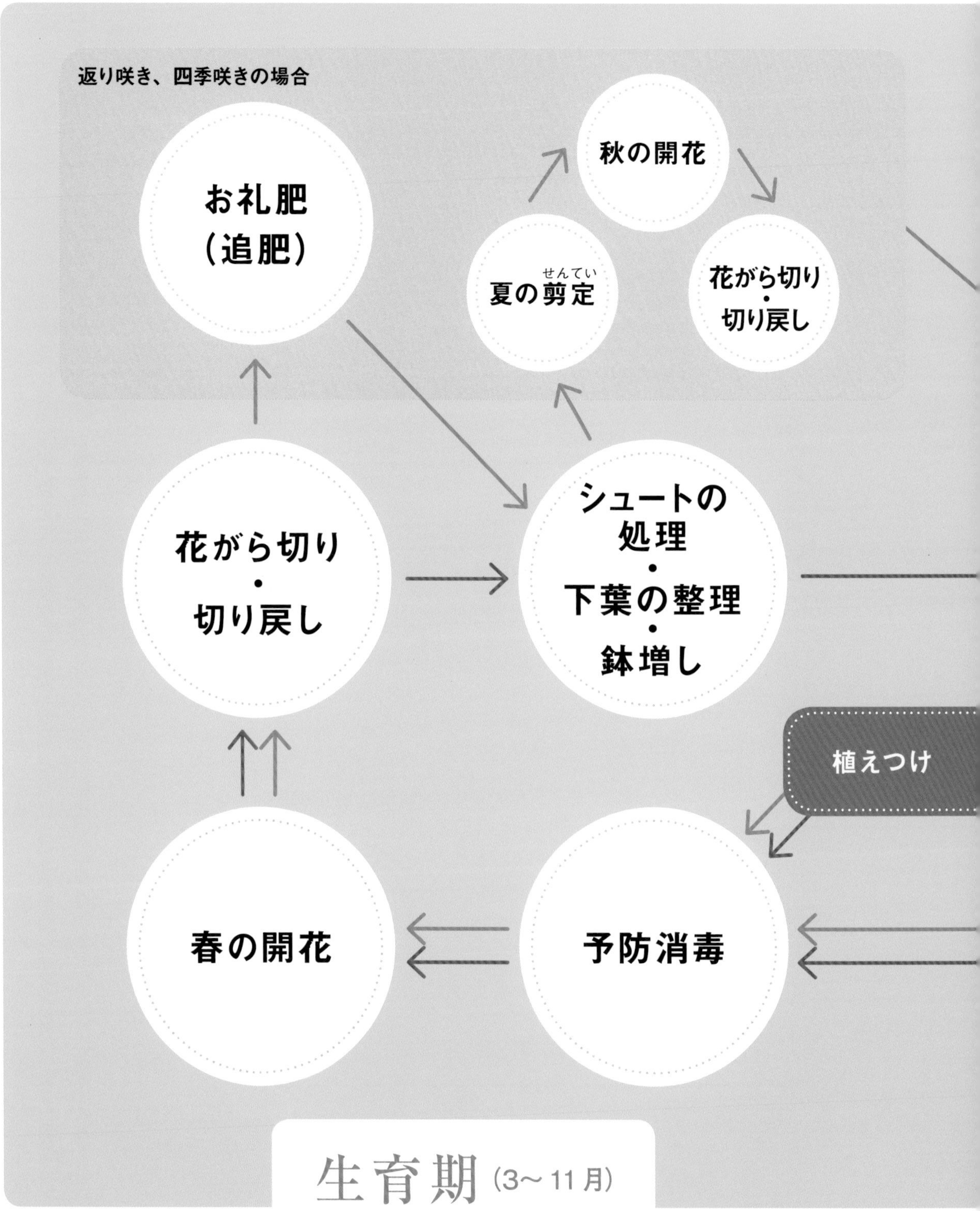

一季咲きの栽培の流れ…………………赤矢印→
返り咲き、四季咲きの栽培の流れ…青矢印→

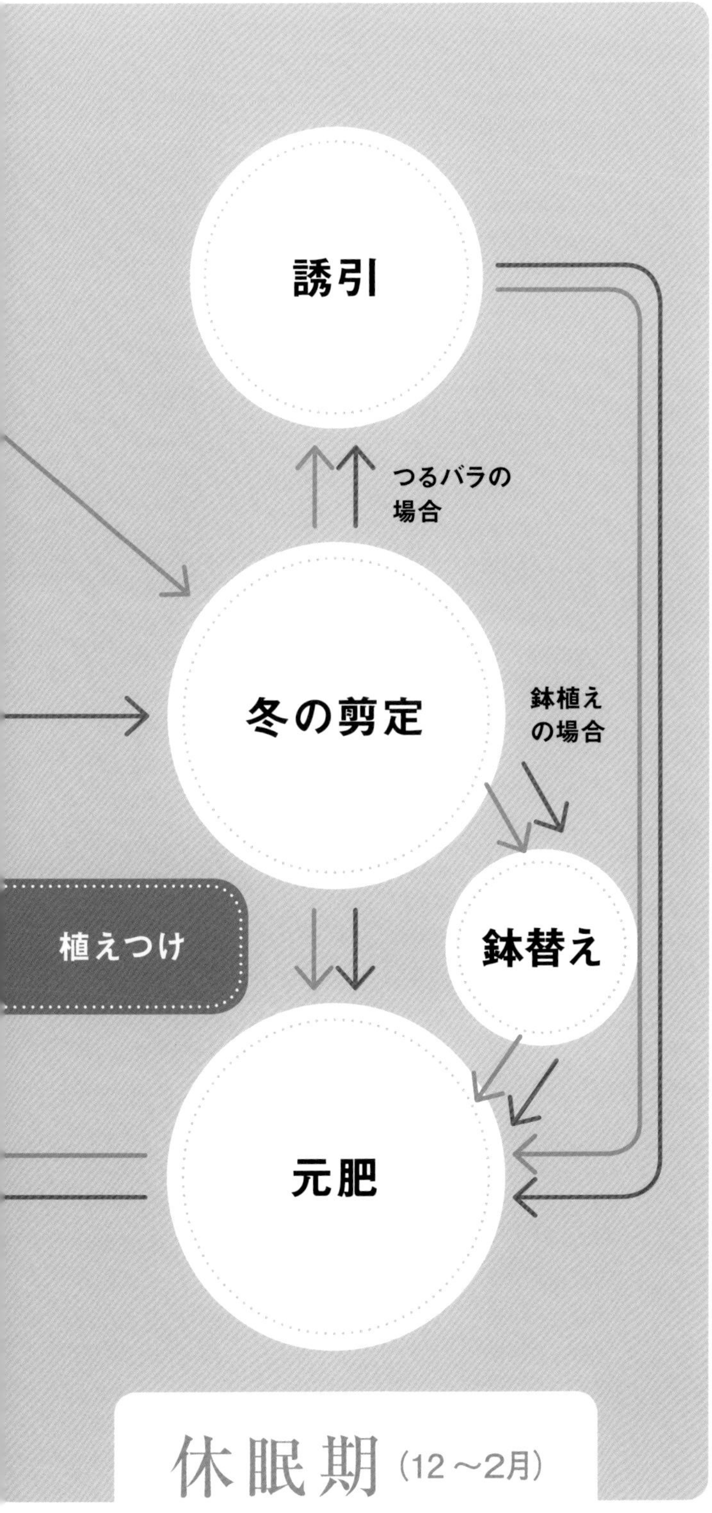

日々のお手入れ 4つの心得

1 日光によく当てる

日光は最大の栄養源です。生育期は1日最低3時間の直射日光が欠かせません。日照量が不十分では、新芽が出にくくなり、ひ弱な枝しか伸びずに病気にかかりやすくなってしまいます。日差しの角度や量は季節によっても変化するので、自分の庭の季節ごとの日照条件を把握し、庭木の枝透かしや、鉢の置き場所の移動など、日照確保に努めましょう。

2 風通しをよくする

新鮮な空気の流れは、蒸れを防いでくれます。風通しが悪いじめじめした場所では、光合成の能率が落ちて病気や虫もつきやすくなります。風通しを遮る障害物があれば取り除く工夫を。まわりの植物や雑草、バラ自身の株元の葉も、茂りすぎると通風を妨げる原因になるので日々チェックし、バラの株元はいつもすっきりさせておくことが大事です。

3 水は土が乾いたら与える

土の表面が乾いてから、たっぷり与えるのが水やりの基本です。シャワーで株元に散水を。根は乾きぎみの状態になると水を求めて深く広く伸びていきます。乾湿の差が根を生長させるのです。土が乾いていないのに水を規則的に与えていると、根が甘えて表面にばかり張り、乾燥に弱い木になります。鉢植えでは根腐れする恐れも。ただし、葉がしおれるほど乾かすのは禁物。株がダメージを受けます。休眠期も乾いていたら、鉢植えは週1回、日中にたっぷりと。地植えは、植えつけた年は水やりに気を配り、2年目以降は真夏に1週間以上日照りが続く場合のみ与えます。

4 日々観察する

生育期には、時間の許す限りバラを観察しましょう。バラは日ごと旺盛《おうせい》に生長していきます。芽が膨らみ、新しい枝が伸びて、花芽をつけて……。日々の変化に目を凝らしていれば、込み合ってきた枝やシュートの発生、葉裏に隠れている虫や黄変してきた葉など、いろいろなことに気づくことができて、いま何をバラにしてあげたらよいかがわかってきます。

苗の種類と選び方

バラの苗には、大きく4つのタイプがあります。時期によって出回る種類が異なり、価格にもばらつきがあります。はじめてのバラ栽培では、苗の良し悪しを判断しやすい葉のついた苗から育て始めるとよいでしょう。

新苗

流通する時期：春（4〜6月）

特徴：前年の秋から冬に接《つ》ぎ木をして、春まで育てた一年生の苗。生長期に、ポットや鉢植えで出回ります。幼い苗なので、しっかりした管理が必要です。価格は苗の中でもっとも安価。つる性品種は翌年まで花は咲きません。

よい苗のポイント：出始めのころは、同じ品種の中でも枝が太いもの、葉の大きいもの。5月中旬以降は、先端20㎝くらいの枝葉が元気で勢いよく伸びているものを選びます。3〜4月に店頭に並ぶものは温室育ちのため、寒風に当てないようにするなど過保護なくらい手をかけて。

大苗

流通する時期：秋〜冬（10〜3月）

特徴：新苗を春に畑へ植え、秋まで育て太らせて掘り上げた二年生の苗です。裸苗またはポットに仮植えされて出回ります。枝を短く切り詰め、葉も摘み取ってありますが、新苗よりも株に力があり、価格は高くなります。

よい苗のポイント：枝がかたくて充実しているものを選びます。10月下旬〜11月に入ってから店頭に並ぶものを入手しましょう。それ以前に出回るものは、早掘りされて枝が充実していないことがあります。生気がなく、枝にしわがよっているような苗は避けます。

ここがコツ！

ラベルの付いている苗を買う

ラベルには品種名とともに、四季咲きか一季咲きか、木立《きだち》性かつる性かなど、基本的な情報が表示されています。同一品種で木立性とつる性があるものは、特に樹形の表示に注意を。品種名がわかれば、後から性質などを調べることができます。

ラベルの表示内容は一律ではないが、品種名、樹形、開花時期などがわかる

鉢苗

流通する時期：通年

特徴：大苗を鉢上げして1年以上育てた三年生以上の苗です。鉢植えで販売されます。十分に生長しているので丈夫で、初心者でも安心して育てられます。開花時期なら花を見て選べます。価格は大苗よりも高くなります。

よい苗のポイント：生育期の鉢苗は、枝や葉がしっかりして勢いがあり、虫食いや病気のあとがないものを選びます。葉のない休眠期は、枝にしわがよったり、しおれたりしていないもの。地ぎわに茶色いゴツゴツした塊（根頭がん腫病:126頁参照）がないかもチェックを。

ロング苗（長尺苗）

流通する時期：通年

特徴：鉢苗の中でも、つる性や半つる性のバラの枝を1m以上伸ばした苗です。植えつけてすぐにアーチなどに誘引できます。入手できるのはバラを専門的に扱っているお店に限られます。価格は大苗よりも高くなります。

よい苗のポイント：鉢苗と同様に、生育期に出回っているロング苗は、枝や葉がしっかりして勢いがあり、葉に虫食いや病気のあとがないもの。休眠期は、枝にしわがよったり、しおれたりしていないものを選びます。地ぎわや接ぎ口もよくチェックしましょう。

揃えたい道具

道具は必要なときすぐに使えるように揃《そろ》えておきたいもの。バラ栽培の作業はタイミングが大事ですから、道具はあらかじめ準備しておくと安心です。せっかくなら、耐久性や使いやすさなどの品質も重視して気に入ったものを選び、大事に使っていくとバラへの愛着も増すことでしょう。

掘る

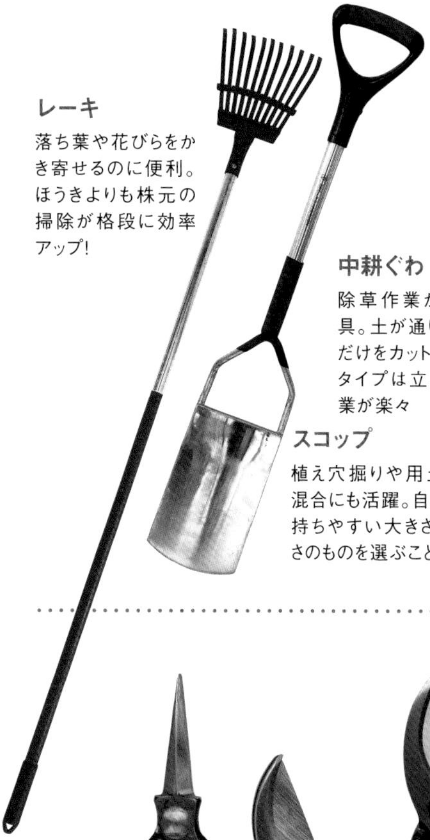

レーキ

落ち葉や花びらをかき寄せるのに便利。ほうきよりも株元の掃除が格段に効率アップ!

スコップ

植え穴掘りや用土の混合にも活躍。自分で持ちやすい大きさ、重さのものを選ぶこと

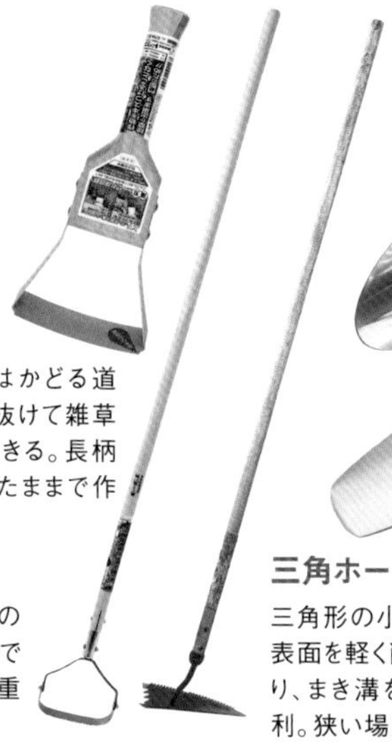

中耕ぐわ

除草作業がはかどる道具。土が通り抜けて雑草だけをカットできる。長柄タイプは立ったままで作業が楽々

三角ホー

三角形の小さな刃は、土の表面を軽く削ったり、耕したり、まき溝をつけるのに便利。狭い場所もおまかせ

移植ゴテ

長もちするステンレス製がおすすめ。手首の負担が軽減されるものなどデザインは多彩。自分の手になじむものを見つけたい

切る

剪定ばさみ

使用頻度が高いので、切れ味がよく耐久性に優れた上質なものを選ぶ。枝切り用と、花がら切り用の細刃タイプもあると便利

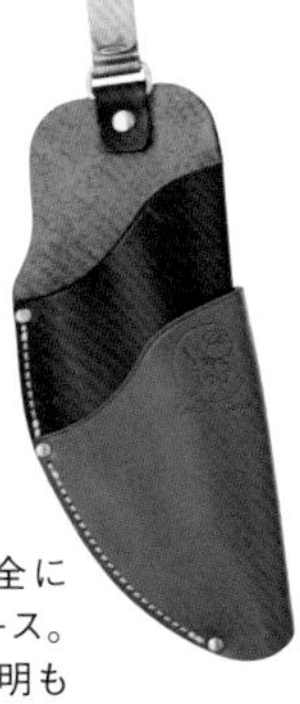

はさみケース

剪定ばさみを安全に携帯できる革ケース。はさみの行方不明も防げる

革手袋

バラのとげから手を守るために、丈夫な革手袋を用意したい。やわらかく指先までフィットする牛革製がおすすめ。デザインも楽しんで

根切りナイフ

植え替えや移植、株分け作業で根鉢をさばくさいに便利。ステンレス製は錆《さ》びにくく、手入れも楽

癒合剤《ゆごう》

太い枝の剪定後、切り口に塗っておく。枯れ込みを防ぎ、切り口がふさがるのを助ける

❶

支柱

バラ栽培では支柱にも美しさを。
❶はシンプルな半円形タイプ。斜めざしも可。2つ合わせて円形にもできる。
❷は、幅10～15㎝、高さ145～168㎝の細身でデザイン的なトレリス風。

❷

誘引ひも類

グリーン系や茶色が目立たなくておすすめ。細い枝にはビニタイ、太い枝には麻ひもが使いやすい。ソフトタイは当たりがやわらかで太い枝にもOK

支える

世話をする

ガーデニングバッグ

散らばりがちな栽培道具をひとまとめに収納できる。大小の外ポケット付きキャンバス地バッグは個別収納ができて重宝。アルミのハンドル付きはポリエステル製の折りたたみ式。苗などを運ぶのにも役立つ

ジョウロ、霧吹き

ジョウロは、ハス口が大きくて小さな穴がたくさんあるほど、やわらかなシャワーで水やりできる。プラスチック製は軽さが魅力、ブリキ製はデザイン性に優れる。ハス口は取り外しできるものがよい。霧吹きは葉水をするのに便利

土壌改良材

「ハイフレッシュ」は粉状のケイ酸塩白土。ミネラルバランスを整え、雑菌を吸着し、よい土の状態を長く保つ働きは、69頁で紹介しているミリオンと同様。こちらはおもに鉢植えに使用

トラッグ

苗を運ぶときなどに役立つ、持ち手付き園芸用トレイ。プラスチック製は手入れが楽で実用的

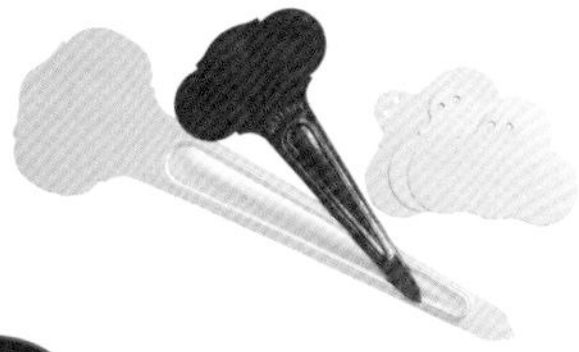

プランツ ラベル

バラの名前をうっかり忘れないように、しっかりラベルを付けよう。土にさすタイプと、ぶら下げるタイプがある

活力剤

「バイオゴールドバイタル」（タクト）は植物のための天然マルチビタミン。新陳代謝を活発にし、抵抗力をつける。水に薄めて植えつけ時に根を浸したり、葉面や根に散布したりする

※商品名に続くカッコ内は取り扱い店名です。詳しくは136頁を参照してください。

鉢選び

バラの根の生長のためには、通気性のよい素焼き鉢がおすすめです。適度に乾きやすい材質なので、鉢内に短い周期で乾湿の差のある環境ができ、根がよく張ります。ただし、こまめな水やりができない場合は、プラスチック鉢のほうが無難です。水やりの回数が少なくてすみ、軽量で丈夫という利点もあります。

おすすめの鉢

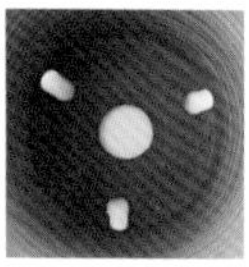

ウィッチフォードのローズポット

イギリスの人気鉢メーカー、ウィッチフォード社がバラ愛好家のために作った、バラ模様のレリーフ入り深鉢。従来のデザイン性と丈夫さ、通気性のよさに加え、山形の鉢底と大小4つの鉢底穴によって、優れた排水性をもつ。10.5号鉢相当

ロゼアポット

プラスチック鉢ながら、見た目のおしゃれ感も備えた軽くて丈夫な深鉢。鉢底は通気性・排水性に優れた形状で、バラ栽培にも好適。色はグリーンとブラウン。6号鉢相当～15号鉢相当まである。日本製

プレーンな素焼き鉢

飽きのこないシンプルなデザインで、バラ栽培定番の鉢。さまざまな製品があるが、多くは鉢底が平らなので、なるべく鉢底穴の大きいものを選ぶこと

スクエアポット

角形の鉢はエレガントな雰囲気を醸して庭のアクセントになる。写真は、レリーフが美しい深鉢タイプ

軽量樹脂製コンテナ

素焼き鉢にそっくりなプラスチック鉢。大型の素焼き鉢は鉢だけでも相当な重さになるが、軽量樹脂製ならほとんど土の重さだけですむ。イタリア製

Column

鉢の下準備

　鉢に土を入れる前に、ナメクジの侵入防止のために鉢底の穴をあらかじめネットで覆っておきましょう。土の流出防止も兼ねます。「ロゼアポット」のような形状の鉢底ではネットは不要です。

鉢底穴を覆うくらいの大きさにネットを切ってワイヤを通す

鉢底穴をネットでふさぐ

ネットが浮かないようにワイヤを左右に曲げて、鉢底へぴったり添わせる

土づくり

植物は、根を伸ばすことで生長していきます。根の生長には、水分とともに酸素と栄養分が必要なので、用意する土は排水性、通気性、保水性、保肥力をバランスよく備えていることが条件です。そのために、有機質をたっぷり含んだ土づくりを行いましょう(74頁参照)。

有機質資材をブレンドする

堆肥や腐葉土などが代表的な有機質資材です。有機質は土中の有用微生物やミミズなどによってゆっくりと分解されて、土に基礎体力をつけてくれます。植物の生長に必要な微量栄養素が補えるとともに、根が水分や酸素を吸収しやすくなり、肥料のもちもよくなるので、細根が素直に伸びてよく生長します。庭土は一般に通気性が悪いので、必ず有機質を加えての改良が必要です。

用土の質を判断するには、軽く握ってから手を開く。かたく締まって崩れないのは粘土質な土。有機質を多く含むよい土は、指をさすとぽろっと崩れる

植え穴はずん胴に掘る

植え穴の大きさは、直径50cm、深さ50cmが目安です。底のほうほど狭くなりがちですが、掘り上げた土を改良して埋め戻すのですから、バラの根が伸びやすいようにがんばってずん胴に掘りましょう。下に障害物があるなど深く掘れない場合は、同じくらいの容積が得られるように、レンガや板材などで枠を作って盛り土をするか、広く浅く掘るのも有効です。ただし、浅い場合は乾燥に十分注意を。

直径、深さともに50cmの植え穴をしっかり掘ると、ちょっとした落とし穴くらいになる。すり鉢状の穴では、土の容量が60ℓ分くらい少なくなる

土の改良に使うおもな用土・資材

赤玉土

関東ローム層の赤土を乾燥させたもの。通気性・保肥力を高める。バラの植えつけには、通気性・保水性のバランスのとれた中粒が向く。分量の目安は用土全体の3割程度

腐葉土

広葉樹の落ち葉を腐熟させたもの。通気性・保肥力を高め、有用微生物を増やす。いやなにおいがするものは発酵が足りないので避ける。分量の目安は用土全体の3割程度

堆肥

通気性・保水性・保肥力を高め、有用微生物を増やす。牛ふん、馬ふんなど種類があるが、入手しやすいものでよい。必ず完熟したものを選ぶ。ひと穴に5～10ℓ程度が目安

ミリオン(ソフトシリカ)

天然の多孔質の粘土、ケイ酸塩白土を粒状化。通気性を高め、根腐れ防止や発根促進効果がある。カルシウムなど微量要素も補給できる。分量は用土全体の1割以下に

Tip

鉢植えは良質な培養土が便利

鉢栽培は根が伸びるスペースが限定されるため、よい土を使用することが大事です。数株ならば、品質のよい市販の培養土を使用するとよいでしょう。1年で根は鉢いっぱいに張り、そのままでは根詰まりを起こしてしまうので、年に1度は植え替えましょう。

バラ用コマツガーデンの土

バラの根を支えられる重みがあり、通気性、保水性、保肥力にも優れる初心者にもおすすめの培養土

肥料の与え方

新しい枝を伸ばし、花をたくさん咲かせるには、栄養分が必要です。植物の生長に必要な栄養素は十数種類ありますが、もっとも多く必要とされるのが、チッ素（N）、リン酸（P）、カリ（K）で、これを肥料の三大栄養素（三要素）といいます。肥料は、必要な栄養素をタイミングよく、規定量に従って与えることが大事です。

休眠期に与える元肥

元肥は根の生育を補い、春の芽出しと一番花の開花、その後の根や枝を育てるための栄養として与えます。また、植えつけ時にも必要です。バラ専用の元肥か、根を育てるリン酸とカリが多い肥料を使いましょう。庭植えでは、中耕の作業とともに土の中に埋め込むと効果的です（104頁参照）。鉢植えは、鉢替え作業のさいに、新しい用土に混ぜます。一季咲きの品種は基本的に元肥のみ与えます。

バラの株元から50㎝くらい外側の土を、深さ30～40㎝くらい掘り起こし（これが中耕）、掘り上げた土に腐葉土や堆肥を混ぜてから元肥を入れて埋め戻す。多少根が切れるが、それがよい刺激になる

生育期に与える追肥

追肥は、繰り返し咲く四季咲きの品種に与える肥料です。「お礼肥」とも呼ぶとおり、開花期の終盤に与えて、次の開花のための栄養を補います。バラ専用肥料以外の肥料を使うなら、春の一番花の後は枝葉の生長期でもあるので、チッ素が多めの肥料が向きます。「N：P：K」の比率が「2：3：2」くらいが目安です。秋口にはチッ素は控え、カリを多く与えて枝をかたく充実させます。一季咲きの品種は、生育途中で葉の色が薄緑色になってきた場合に少量の肥料を補います。

肥料は必ず袋の裏書きを読んで、規定の量に従うこと。鉢植えの追肥は、株元からなるべく離して表土に埋め込む。庭植えは、ひと株ごとに株元から30㎝くらい外側へ肥料と腐葉土、堆肥を薄くまき、根を切らないように浅く耕す

使いやすいおすすめの肥料 *Tip*

肥料にはさまざまなものがありますが、バラ専用肥料を使うのが確実です。元肥と追肥で使い分けましょう。

休眠期や植えつけ時の元肥
バイオゴールドクラシック元肥（タクト）
根を育てるタイプで、土に混ぜて使うペレット状肥料。微量要素を多く含み、土の中の微生物を増やす

生育期の追肥
バイオゴールドセレクション薔薇（タクト）
花を咲かせるタイプの固形肥料。リン酸、アミノ酸、カルシウムなどのミネラルを強化してある

ローズグロウ（コマツガーデン）
バラ専用肥料。元肥にも追肥にも使える

植物の生長に必要な三大栄養素

チッ素（N）	葉や茎の生育を促進し、植物を大きく育てる
リン酸（P）	花つきや花色、実のなりをよくし、根の生育を促進
カリ（K）	根を丈夫にし、耐寒性・耐暑性、病害虫への抵抗力を向上させる

そのほかの大事な栄養素

カルシウム（Ca）	細胞を強化する
マグネシウム（Mg）	葉緑素の成分。酵素を活性化する
イオウ（S）	根の発達とたんぱく質の合成に関わる

微量要素として必要な栄養素

鉄、マンガン、銅、ホウ素、亜鉛、モリブデン、塩素、ニッケルなど

※商品名に続くカッコ内は取り扱い店名です。

4〜6月の作業

枝葉はぐんぐん生長し、いよいよ待望の開花シーズン!
花を見て、好みの品種を入手できる楽しい季節でもあります。
花後の手入れにも気を配って、元気な株を育てましょう。
以下に必要な作業をリストアップしました。チェックしながら進めてください。

☑ *Check Sheet*

- □ 植えつけ……生育期なので、根鉢は崩さないで植えます。元肥は入れすぎないように気をつけて。
  ▶72、74頁へ
- □ 水やり……よく水を吸う時期。表土が乾いたらあげましょう。
  ▶63頁「日々のお手入れ4つの心得」へ
- □ 芽かき・ブラインド処理……日ごろからよく観察して、見つけたら早めに。
  ▶78頁へ
- □ 枝抜き……梅雨前までには、必ず1回行いましょう。
  ▶78頁へ
- □ 花がら切り・切り戻し……次に出る芽の向きをよく見て、切る角度に注意を。
  ▶79頁へ
- □ 追肥……四季咲き品種は、次々と花を咲かせるために開花終盤に与えます。量は控えめに。
  ▶70頁へ
- □ シュートの処理……できるだけ速やかに。
  ▶80頁へ
- □ 病害虫の防除……予防消毒を行いましょう。発生初期には、適応する薬剤の散布を。
  ▶82頁へ

鉢植えにする

新苗・鉢苗の植えつけ

新苗や鉢苗は、小さめの鉢に植えられて出回っていることが多いので土が乾きやすい状態です。根が心地よく生長できるように、鉢を大きくして新たな用土へ植えつけましょう。生育期の植え替えは根鉢を崩さないことがポイントです。

1 鉢と土を準備する

[用意するもの]

苗、鉢、用土、元肥、移植ゴテ、必要であれば軽石(大粒)、ハスロ付きのジョウロかシャワー付きのホース

鉢のサイズは、新苗は6号鉢程度、鉢苗は根鉢よりもふた回り大きいものがよい。根鉢に対して鉢が大きすぎると、鉢内の環境に乾湿の差がつきにくく、逆に小さすぎると根詰まりしたり株が倒れやすくなる。鉢は生長に応じて徐々に大きくしていくとよい。花やつぼみをつけている鉢苗の場合は、まず花を楽しんで、花がら切りを終えてから植えつけを行ってかまわない

軽石のまわりは根が伸びないため、使用するのは用土や鉢の排水性に不安がある場合のみでよい。使用する場合は鉢底に2〜3㎝の厚さで敷き詰める。元肥をまんべんなく混ぜた用土を鉢の半分くらいまで加える。元肥を混ぜるさいは、必ず規定の分量を守ること。入れすぎると根を傷めてしまい、生育を阻害する

2 株元を押さえて苗を抜く

新苗は接《つ》ぎ口がはずれやすいので、台木の株元部分を持って、苗をポットから静かに引き抜くか、ポットを逆さにして抜く。根がぱんぱんに張って抜けにくい鉢苗は、鉢の側面をトントンと叩いてから抜くと抜きやすい

根鉢を崩さないように、そっと扱う。新苗に添えてある支柱は、取らずにそのまま植えつける。新苗は、根腐れ防止と発根促進のために、植えつけ前に「ハイフレッシュ」(67頁参照)を根鉢全体にまぶしておくのもよい

ここがコツ！

「バイオゴールド」の元肥と追肥なら失敗知らず

肥料は規定量を守って正しく施さないと、根を傷めたり生育に悪い影響を及ぼします。バイオゴールド「クラシック元肥」と「セレクション薔薇（追肥）」（ともに70頁参照）は、少量の肥料が根に当たっても根が傷まず、少々多めに入れても生育に影響が出ないので失敗のない肥料です。微生物を増やす有機質を含んでおり、土をよくする効果も期待できます。はじめてのバラ栽培におすすめです。

3 根鉢は崩さずに植える

苗を鉢に入れて周囲に用土を足し、根鉢の上面が鉢縁より3cm程度下になるように高さを調整する。すき間ができないように割り箸などで土を突いて植えつける。このとき、根鉢に刺さらないように注意する。根を傷めると生育が悪くなるので、根鉢は崩さないことが大事

ウオータースペースを3cmほど残して用土を足す。プラスチック鉢の場合は、鉢ごとトントンと揺すって土をならすとよい

4 接ぎ口は地表に出す

用土を加えるさいは、接ぎ口が土に埋まらないように注意する。接ぎ口のテープは、新苗はそのまま秋まではずさない。鉢苗は食い込んでくるので、はずしたほうがよい

植えつけ完了後、ただちに水を与える。シャワー状の水は土に酸素も行き渡るので、細かなシャワーで根の間に水が流れ込むようにたっぷりと水やりする。梅雨入りまでは湿度が低いため、根づくまでの1か月ほどは乾燥させないことが重要

庭植えにする

新苗・鉢苗の植えつけ

植え穴の底のほうの土を改良できるのは、植えつけのときのみです。庭植えの成功の秘訣は、植え穴掘りをがんばることと、有機質の多い通気性のよい土に改良することです。花つきの鉢苗は花を楽しんでから植えつけてOKです。

1 直径・深さともに50㎝の植え穴を掘る

[用意するもの]

苗、赤玉土(中粒)、腐葉土、堆肥、ミリオン、元肥、スコップ、ハスロ付きのジョウロかシャワー付きのホース

日当たり、風通しのよい植え場所を選んだら、深さ50㎝、直径50㎝を目安として植え穴をしっかり掘る。体重をのせてスコップを土へ突き刺し、テコの要領で後ろへ倒して掘り起こす

すり鉢状に底が狭くなっては、根にとって窮屈。10号鉢がすんなり入るくらいの穴をイメージして、がんばってずん胴な穴を掘ろう。石などが出てきたら取り除いておく

2 土をブレンドする

掘り上げた庭土3:堆肥1:ミリオン1:赤玉土(中粒)3:腐葉土2の割合で改良用土を作る。スコップや手を使ってよくかき混ぜる。さらに、元肥を規定量の半量加えてよく混ぜておく。堆肥や腐葉土は必ず完熟のものを使うこと。庭土が赤土ならば、赤玉土は加えなくてもよい。バラ専用土を30ℓ入れてもよい。

穴に堆肥を5〜10ℓ加え、底の土とよくなじませる。そこへ残りの元肥を加えてスコップでよく混ぜる。排水の悪い土の場合は、ミリオンを多めに入れる。混ぜ合わせた改良用土を7割くらい穴へ戻す

ここがコツ！

こまめな管理が無理なら、新苗も地植えがベター

新苗は鉢植えである程度大きく育てたほうがよいというのが定説です。ところが、夏場に乾燥させてしまったり、鉢増しを怠って根詰まり状態のままなど、ていねいな管理ができないケースが多くあるようです。バラ栽培に適したスペースがあるなら、はじめから地植えにしてもよいと思います。「乾いたら水やりする」という原則を守れば、地植えでも根はしっかり伸びていきます。

3 根鉢は崩さずに植える

ここでは鉢苗を植える。鉢苗は一年中植えつけが可能だが、真夏はなるべく避けたほうがよい。気候のよい時期なので、新苗の場合も環境が整っていればはじめから庭植えして大丈夫。いずれも、根が活発に活動しているこの時期の植えつけは、根鉢を崩さないことがポイント

ポットから苗を抜く。鉢苗は根が回っていることが多いので、鉢の縁をトントンと叩くと抜きやすい。新苗の場合は接ぎ口がはずれやすいので、支柱を付けたまま台木の根元部分を持って、そっと引き抜くか鉢を逆さにして抜くとよい

4 接ぎ口は地表に出す

苗を穴の中心に置き、接ぎ口が土の上に出るように高さを調整する。まわりに残りの改良用土を入れて穴を埋め戻し、根鉢を少し押さえて固定させる。新苗の場合は、風にあおられないように支柱をしっかり立てておくとよい

植えつけたら、ただちに水を与える。水分といっしょに酸素が根に行き渡るように、シャワーでたっぷりと水やりする（10ℓ以上）。植えつけ直後は根が広がっていないため、庭植えもしおれやすい。表土が乾いたら地中深くまでしみ込むようにたっぷり水やりする。特に新苗はこまめに観察が必要

鉢植えにする

ロング苗の植えつけ

ロング苗はトレリス仕立てが入手後すぐに可能です。水分や養分を盛んに運んでいる生育期なので、枝は無理に曲げようとせずにまっすぐに留めておきましょう。四季咲きの品種は管理がうまくゆけば秋の花も期待できます。

1 ふた回り大きい鉢にトレリスを立てる

［ 用意するもの ］
苗、鉢、トレリス、ビニタイ、
用土、元肥、
移植ゴテ、必要であれば軽石（大粒）、
ハスロ付きのジョウロか
シャワー付きのホース

苗が入っているポットよりふた回り大きな鉢を用意して、鉢底穴をナメクジよけのネットで覆っておく（68頁参照）。ここでは12号の鉢を使用。鉢底の穴が小さいなど排水に不安がなければ、軽石は不要。規定の分量を守って元肥をまんべんなく混ぜた用土を、鉢の半分くらいまで加える

トレリスを立てる。ここでは、幅60㎝、高さ150㎝のワイヤフェンスを使用。さし込めるところまで入れておけばよい。土を足していくうちに、しっかり安定する

2 根鉢は崩さない

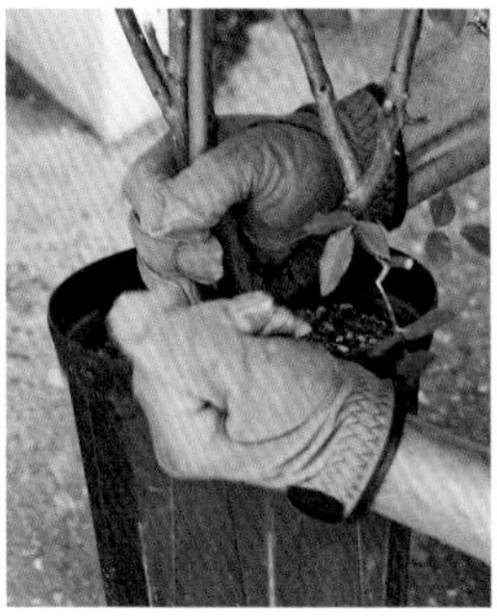

鉢苗は根が回っていることが多い。ポットの側面を拳《こぶし》でトントンと叩くと抜きやすくなる。通年植えつけできるが、根も芽も活発に生長している生育期は、根鉢を崩さないことが大事。根を傷めると水の吸い上げが悪くなり、枯れてしまう恐れがある。ロング苗は支柱が立ててあるので、植えつける前に支柱をはずしておく

72頁の1を参照して鉢に土を入れ、73頁の3を参照して植えつけ、根鉢の高さを調整する。枝全体を広げて、すべての枝をトレリスに留めていく。芽が動いている時期なので、無理をせずにひと枝につき3カ所くらいを留めればよい。73頁の4を参照して、苗の周囲に用土を足して根鉢を最後まで植えつける。トレリスの足元もぐらつかないよう、しっかりと土を入れる。

ここがコツ！

飾りのあるトレリスは余白を残す

エントランスやテラスなどで手軽に楽しめる鉢植えつるバラのトレリス仕立ては、デザインの美しいトレリスを使っておしゃれに楽しみたいものです。せっかくの装飾がすっかりバラで覆われてしまうことがないように、上部に少しスペースを残して枝を誘引するのが美しく仕立てるポイントです。コンパクトにまとめるには、半つる性の品種やミニバラのつる性品種を選びましょう。

3 かたい枝からトレリスに固定する

かたい枝の下のほうから、ビニタイを二重に巻いてトレリスにしっかり固定する。このとき、トレリスと枝の間に5mmくらい遊びをもたせること。生長とともに枝が太くなってくるので、ぴったり留めると後で食い込んでしまう。ほかの枝も順次留めていく

下のほうに若い枝が出ていない場合は、下からシュートを出すために古い枝をひと枝切る。こうすると、シュートが出やすくなる。株元によく日が当たるように管理することも大事

4 枝をトレリスに寄り添わせる

トレリス仕立ては、枝が前へ飛び出ると開花時にきれいに見えない。真横から見てなるべく平面に収まるように、枝をトレリスにぺたっと寄り添わせて留めるのがコツ。すべての枝を留めたら、枝の先端を切って生長点を止める。トレリス仕立てにはさほど長い枝は必要ないので、この後、上の枝が伸びてきても放置してかまわない

植えつけが完了したら、鉢底から流れ出るまでたっぷりと水やりする。細かなシャワーで与えるのがベスト。シャワー状の水には空気がたっぷりと含まれているので、水といっしょに酸素も根に行き渡る

芽かき・枝抜き・ブラインド処理

生育期のバラは常にどこかから芽を出しています。枝葉が茂るにまかせていると株元や株内部が蒸れて病害虫の発生源になりがちなので、風通しをよくしましょう。新苗や葉数が少ない若木には不要な作業です。

芽かき

シュートの下のほうに出た余分な芽をかき取る作業です。順調に生長している成木は、旺盛《おうせい》に枝葉が茂って株元が込みがちになります。株元を覆う枝になる前に、芽の段階でかき取ってしまいましょう。芽かき作業によって、不要な枝を伸ばすエネルギーのロスを少なくできます。

シュートの下のほうに出た余分な芽は、小さなうちに手でかき取る

Point

アーチは見上げて「枝抜き」診断

下から見上げて天井部の枝が重なり合っていれば、込みすぎの状態です。病害虫の温床にならないよう、下になった枝は枝抜きして風通しをよくしましょう。

枝抜き

込み合っている枝を間引く作業です。春の一番花の開花後から、枝抜きのための見回りを日課のひとつにしてください。株元や株の内部をチェックして、枯れ枝、細い貧弱な枝、内向きに伸びた枝、途中で生長が止まった枝などを切り取ります。また、株元は泥はねなどで病気が伝染しやすく、株元に光が当たらないとシュートも出にくいので、株元から30〜50cmまでの下葉は摘み取ってしまうとよいでしょう。

蒸れは病害虫を招く。本格的に暑くなる前に込みすぎた部分の枝を切る

株元がすっきりし、風が通るようになった。日もよく当たって虫もすめなくなる

ブラインド処理

つぼみがつかずに生長が止まった枝をブラインドといいます。これを切り戻す作業です。芽が伸びてくるころ、芽の先端をそっとさわってみましょう。しこりのようなものを感じれば、つぼみはあります。感触がない場合はブラインドです。次の芽がしっかり太い枝から出るような位置まで切り戻します。このとき、芽の向きもよく見て、切る位置を考えましょう。放置しても、いずれ側芽《そくが》が動きだしますが、開花がほかの枝より大きく遅れます。早く気づいて切り戻せば、側芽が早く伸びて開花が揃《そろ》います。

切り戻し位置は、ブラインドの長さに応じて判断するが、わかりにくければ、次にしっかりしたよい芽を出したい位置で切るのが目安

花がら切り・切り戻し

バラが咲きだしたら日課にする作業です。美観的にも病気予防の観点からも、花がらは放置しないで切り取りましょう。それによって、四季咲きや返り咲きのバラは次の花がきれいに咲きやすくなります。実を楽しむ目的のバラには行いません。

花がら切り

房咲きの品種は、1つの房の中でまず中心の大きなつぼみが咲き、それより小さなまわりのつぼみが後に続きます。終わった花から切り取ると、まわりのつぼみが早くきれいに咲いてくれます。また、まだ葉の少ない新苗や若木、樹勢の弱っている株などは、光合成のために1枚でも多く葉を残したほうがよいので、花首だけ切り取ります。

ハイブリッド・ティーの枝変わり品種の開花終盤

切り戻し

四季咲きや返り咲きの品種は、花がらを切ると側芽が伸び、これが伸びた枝先に再び花を咲かせます。花のすぐ下の葉1〜2枚のつけ根にある側芽は、花が終わった時点ですでに伸びだしていて、生かしてもあまりよい枝になりません。そこで、まだ動いていないよい芽を生かすために、花がら1つにつき5枚葉を1〜2枚つけて切り戻します。このとき、芽のついている向きと平行になるように、切る角度にも気をつけましょう。

花がら切りは、花首だけを切り取る。切る位置は、すぐ下の葉の下

葉が展開している側へ芽は伸びるので、切り口の角度がそれと平行になるようにはさみを入れる。ここでは、右上へ伸びる芽に対して、右上から左下へ向けて枝を斜めにカット

枝の先端の花がらを切っただけなので、葉の数も株姿も変わらない

切り戻すと株姿は一時的にひと回り小さくなるが、新しい枝がしっかりと伸びて、次の花が咲きやすくなる

シュートの処理

シュートは5〜10月に発生します。若木では、来年以降の花を咲かせる主幹として大事に育て、消毒をきちんとして日によく当てることが大事です。成木では、樹形づくりに必要なシュートは生かし、同じ方向に出ている古枝があれば切って主幹を更新します。

木立《きだち》性バラは、つぼみをつけたらピンチ（摘心《てきしん》）する

丈夫な主幹を育てるために、ベーサルシュートにつぼみがつく前にピンチ（55頁参照）をしましょう。先端の芽を取り除くことで側芽が動きだし、枝が伸びて葉が増え、光合成をしっかり行ってかたく充実した枝になります。

手でピンチをする

発生初期に気づいたシュートは、水が少ないと伸びない。花が咲いてしまったらピンチのタイミング

まだ枝がやわらかく、手で簡単に折れる時期なので、5枚葉の上で枝先をつまみ、ポキッと折り取る

ピンチをした後に、先端の葉のつけ根から新たな芽が出て生長する

はさみでピンチをする

株元から発生したベーサルシュートが3本ある。どれも房咲きのつぼみをつけて枝の生長が止まっている状態

切る高さは、自分が望む樹形をイメージして決めればよい。目安は、枝先から15cm程度を切り取る

3本のベーサルシュートを少し深めにピンチした。これから側芽が伸びて、再び生長を始める

ここがコツ！

自分好みの樹形なら、シュートを切ってもかまわない

3年目以降の元気な成木なら、必ずしも毎年シュートを更新しなくてもかまいません。現在の樹形が気に入っていて維持したい場合は、発生したシュートを切ってしまってもよいのです。ポイントは、早めに気づいて処理すること。シュートが出ると養分はそちらへ重点的に送られて古い枝は弱ってきます。逆にシュートを切れば、養分が古い枝に分散されるので枝が長もちします。古枝は4～5年で更新しましょう。

つるバラは、枝先をまっすぐ上へ向ける

もっとも高い位置にある芽に栄養が優先的に送られるという「頂《ちょ》芽優勢《うがゆうせい》」(53頁参照)の性質を利用して、つるバラはシュートを伸ばします。先端が曲がると樹勢が弱まり生長が止まるので、目的の高さに達するまでは、枝先をまっすぐ上に向けておきましょう。

鉢植えのつるバラは、植えつけてしばらくは枝の途中からシュートが出やすい。旺盛に生長する枝のボリュームに対して、鉢が小さくなっているので倒れやすく、水も乾きやすい状態

鉢増しをして支柱を立て、その支柱にシュートを束ねて留める。根鉢を崩さなければ、鉢増しは通年行える。シュートはたちまち伸びるので、支柱は最低でも150cm程度の長さは必要。シュートが折れないようにビニタイで何カ所か留めておく。スペースがあれば、1本ずつ独立して支柱を立ててもよい

枝分かれしてしまったら切り戻す

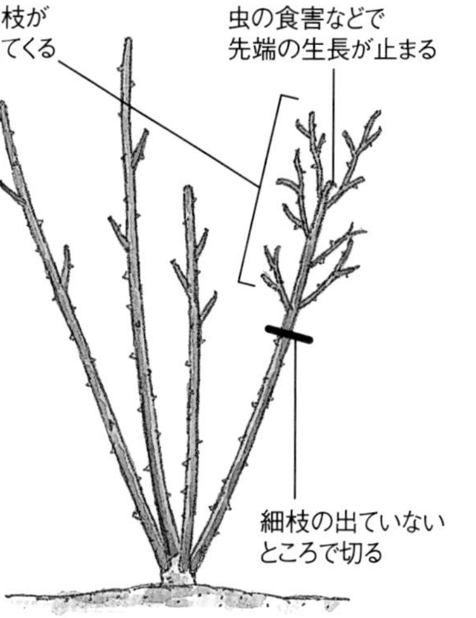

シュートを伸ばしている途中で、虫に食害されて生長が止まったり、風にあおられて枝先が曲がると「頂芽優勢」が解かれて、その下の側芽から貧弱な細枝がたくさん出てくる。これらは使えない枝なので、細枝が出ていない位置まで切り戻すと、そこからしっかりした枝があらたに伸びる

太すぎるシュートはいったん切る

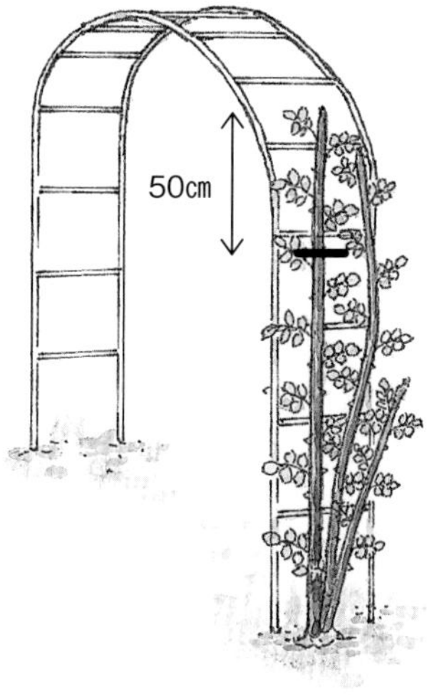

大輪系のつるバラなどは、直径5cm以上のシュートを出すことがある。アーチに仕立てている場合、その太さでは天井部のカーブに添わせることは不可能。そんなときは、太いシュートがアーチのカーブに達するのを待ち、枝先から50cm切り戻す。その後、すぐ下の側芽から細くて曲げやすい枝が伸びてくる

病害虫の防除

日ごろからバラをよく見守りながら予防に努め、発生してしまったら早期に対処することが病害虫対策の鉄則です。日当たり、風通し、水はけのよい環境を整えて、丈夫な株を育てることは大前提。敵を知り、予防&対処法を覚えておきましょう。

厳重注意！ バラの二大病

黒星病（黒点病）

［ 症状 ］：葉に黒い病斑が出て広がり、やがて黄変して落葉する。下葉から株の上部へ広がり、放置するとまたたくまにすべての葉を失う。周辺の株にも感染する。株がある程度大きければ葉を再生できるが、植えつけ1年目の新苗は抵抗力が弱いため、感染すると生育不良や枯死する恐れもある。

［感染経路］：水がウイルスを媒介して、株元の古い葉から侵入。梅雨期や台風の後に多発する。病原菌は通年空気中に潜んでおり、22〜26℃の気温で数分間雨にぬれれば､いつでも胞子は発芽して感染力をもつ。

［ 予防策 ］：株元の古い葉を摘み取って、風通しをよくする。予防消毒も有効で、新苗には必須。鉢植えは、雨の日に軒下などへ移動するだけでもかなり効果がある。

［ 対処法 ］：感染した葉とその上下の葉を摘み取り、落ち葉も拾って処分する。適用する治療薬（126頁参照）を、感染した株とその周囲の株に散布。症状が治まらない場合は、3〜4日おきに連続して3回ほど散布して根絶する。

うどんこ病

［ 症状 ］：新芽や若葉、つぼみや花首が、粉を吹いたように白いカビに覆われる。葉は縮れ、つぼみや花首は真っ白になる。感染が進んでも落葉はしないが、生育がひどく衰える。

［感染経路］：春から晩秋のやや乾いた日中に胞子が空気中に飛散し、湿度が高まる夜間に、乾いた葉に付着して広がる。30℃以上では発生せず、ぬれている葉面にもつかない。チッ素分が多いと、新しい枝葉やつぼみに送られる糖が過剰になり、その余った栄養が狙われる。

［ 予防策 ］：夕方の水やりは夜間の湿度を上げてしまうので控える。チッ素肥料も控えめに。毎春、同じ品種、同じ株から感染が始まるので、3月からの予防消毒が効果的。

［ 対処法 ］：感染した葉や枝先、つぼみを摘み取り、適用する治療薬（126頁参照）を感染した株とその周囲の株に散布する。症状が治まらない場合は、3〜4日おきに連続して3回ほど散布して根絶する。

要警戒！ タフな害虫

アブラムシ

［ 症状 ］：体長は1㎜ほどで緑色や黒色をしている。新芽、若葉、つぼみなどに集団で張り付いて汁を吸い、そのさいにウイルスを媒介し、排泄物ですす病を誘発することもある。

［ 対処法 ］：見つけしだい指でつぶす。大量発生したら、適用の治療薬を被害のあった部分と周辺の葉の裏表に散布する。

ヨトウムシ

［ 症状 ］：ガの幼虫で、小さなうちは葉裏に群れて葉を薄く透かすように食害する。大きくなると土色のイモムシに成長し、日中は土の中にひそみ、夜間に葉や花を食い荒らす。

［ 対処法 ］：初期の駆除が効果的。葉裏に群れているうちは日中でも見つけやすいので、幼虫ごと葉をそっと取り除いて処分する。食害がひどくなってからは薬剤で対処するほか、株元の土を軽く掘ると捕殺できることがある。

チュウレンジハバチ

［ 症状 ］：茎に産みつけられた卵から幼虫がふ化し、葉の縁に群れて張り付いて葉脈だけを残して葉を食害する。

［ 対処法 ］：飛来する成虫の捕殺は難しい。幼虫のうちに見つけて、虫ごと葉を切り取って処分する。

コガネムシ

［　症状　］：成虫が葉を、幼虫が根を食害。土の中の未分解有機物を餌に増える。

［　対処法　］：未熟な堆肥を使用しない。見つけしだい捕殺する。

カミキリムシ

［　症状　］：成虫がバラの株元に産卵し、幹の中を1～2年かけてトンネル状に食害する。

［　対処法　］：針金で突き刺す。もしくは、適用の薬剤を穴に注入する。

予防消毒の仕方

苗を入手したらまず予防消毒を行うと安心です。その後は、10日に1回くらいの間隔で定期的に予防散布を行って病気を抑えましょう。害虫は、毎日の観察と捕殺が第一の予防策です。

準備するもの

予防消毒は植えつけ後すぐに行えるよう、必要なものは苗と同時に購入するとよい。手前から、ゴム手袋、防護メガネ、計量器、防護マスク、薬剤、噴霧器。ほかに展着剤（薬液をバラに付着しやすくする）や帽子、撥水《はっすい》性の上着も準備する。20株程度までなら、空気圧で噴霧する手動式、20株以上や、つるバラを多く栽培するなら、電池式かコンセントが必要な電動噴霧器のほうが散布効率がよい（写真は、容量5ℓの電池式）。

あらかじめ希釈する

あらかじめ、噴霧器のタンクに容量の半分程度の水と、規定量の展着剤を入れておく。予防消毒では、パラフィン系の展着剤「アビオン-E」がおすすめ。予防殺菌剤として「サンヨール乳剤」を規定量タンクに加えてよく揺すり、容量の残りの水を足して再びタンクを揺すって濃度を均一にする。なお、予防的に殺虫剤として「ベストガード水溶剤」を使う場合は、タンクの水を計量カップ1杯分取り分け、規定量を加えて棒などで混ぜて溶かしてからタンクへ戻す。顆粒タイプの薬剤は溶けにくいので、このようにして加えるとよい。

基本の予防薬

予防殺菌剤と、予防的に使える殺虫剤を準備する。これらは混合散布もできる。予防消毒には、多くの種類の病原菌に効果があり、何度使っても耐性菌（薬の効かない菌）が発生しにくい薬剤を使う。ただし、このタイプの予防消毒薬は病気のまん延後では効果が弱いことがある。病気発生前～初期に使う。

（左）ベストガード水溶剤
アブラムシなどに予防的に使える。植物内に吸収され、薬の効いている一定期間内は、葉を食べたり汁を吸う害虫を殺虫できる（浸透移行性）。天敵やハチには影響が少ない

（右）サンヨール
予防消毒に向く殺虫殺菌剤。黒星病、うどんこ病予防や、アブラムシなどの殺虫効果もある

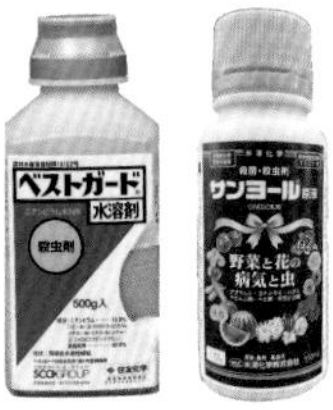

散布は風のない朝夕に

4月以降は、晴れの日の日中は散布した薬液の濃度が高まってしまうため、朝夕の涼しい時間帯に散布を行う。曇りの日ならなおよい。噴霧器は1度強く噴霧してホース内の空気を飛ばし、薬液が均一に出るのを確認してから葉に散布する。まず、ノズルを下へ向けて、上から葉の表に軽く散布する。株元までかけたら、ノズルを上へ向けて、葉裏にまんべんなくかかるようにしっかり散布していく。花にも散布する。枝が込み合っているところは、8の字を描くようにして、したたるくらいにしっかりかける。

Tip

（左）ベニカXネクストスプレー
エアゾールタイプの殺虫殺菌剤。植物に成分が浸透して（浸透移行性剤）、長期間効果が持続。予防と治療に有効
（右）サンヨール液剤AL
そのまま散布できるスプレータイプの殺虫殺菌剤。黒星病、うどんこ病、アブラムシ、チュウレンジハバチなどの予防に

【注意】本書に掲載されている商品や登録データなどは2023年2月現在のものです。薬剤の適用については変更されることがあります。最新の登録・失効情報は、農薬登録情報提供システムから検索してください（https://pesticide.maff.go.jp/）。必ず商品のラベルや説明書に従い、適正にご使用ください。

Column 2

バラの香りをとことん楽しむ

「ガートルード・ジェキル」は、鮮やかなピンクの花びらと強い芳香をもち、ポプリに最適な品種のひとつ

花として眺める以外にも、バラには香りを生かした楽しみ方がいろいろあります。手作りコスメに挑戦したり、優雅にバスタブに浮かべてバラ風呂につかるのも至福の時。花びらのひとひらも大切にしたいという思いは、その香りとともにローズポプリに閉じ込めてはどうでしょう。

ポプリ作りのコツは、朝のうちの香りのよい時間帯に七分咲きくらいのきれいな花を摘むことと、できるだけ早く乾燥させることです。春から夏の花なら、花びらを平たいざるに広げて日なたに停めた車の中に入れておくと、半日ほどでパリパリに乾きます。この裏ワザ、どうぞ試してみてください。

できあがったポプリは、サシェ（匂《にお》い袋）にして引き出しやバッグに忍ばせてもよいし、きれいな器に入れて飾ってもすてきです。

ローズポプリの作り方

❶ 花びらの傷んでいない七分咲き程度の花をボウル1杯分くらい、朝のうちに摘み取る。赤やピンクの濃い色のバラのほうが花色がきれいに残る。ローズオイルで香りを補うので、香りがない品種を交ぜてもよい。

❷ 花びらをガクからていねいにはずす。なるべく重ならないように、平たいざるなどに広げる。半日陰の湿度の低い場所で干して、水分を飛ばす。目安は数日〜1週間。できるだけ早く乾かすのがコツ。

❸ ほぼ乾いたら、カビを防ぐために最後の仕上げに電子レンジで30秒加熱する。

❹ 密閉瓶に入れて、ローズオイルを3滴くらい垂らしてふたを閉じ、軽く何度か振ってなじませる。このとき、ドライラベンダーやヒバを交ぜるとさらに香りが引き立つ。1か月ほどねかせて香りを熟成させたらできあがり。その間、ときどき瓶を振って香りを混ぜるとよい。

ローズポプリはきれいなガラスの器に入れて玄関などに飾っても楽しい。ダマスクローズのエッセンシャルオイル（精油）を、香りをしっかりさせるためにごく少量加える

7〜9月の作業

バラにとって夏は苦手な季節です。風通しに気を配って、
乾燥を防いで乗りきりましょう。黒点病やハダニで葉を落としやすい時期ですが、
秋の花のためにケアをがんばってください。
夏期限定の作業＋春に続き、目を配りたい作業も忘れずにチェックしましょう。

☑ *Check Sheet*

□ 植えつけ…………………… 根鉢を崩さないように気をつけて、
元肥は適量を守って。
▶72、74頁へ

□ 暑さ・乾燥対策…………… 鉢を二重にしたり、西日を避けましょう。
▶86頁へ

□ 水やり…………………… 乾きやすい時期ですが、与えすぎは
しおれる原因になるので注意を。
▶63頁「日々のお手入れ4つの心得」へ

□ 枝抜き…………………… 早めの作業で、すっきりとさわやかな株元をつくりましょう。
▶78頁へ

□ 花がら切り・切り戻し……… 毎日行うと病気も少なくなります。
▶79頁へ

□ 追肥…………………… 四季咲き品種は開花終盤に、一季咲き品種は生長を
促進させたい場合、8月中に少量を与えます。
▶70頁へ

□ シュートの処理…………… 来年の花を咲かせる位置を決める重要なポイントです。
▶80頁へ

□ 夏の剪定《せんてい》…………………… 秋の花を十分楽しむために、切る時期に気をつけて。
▶88頁へ

□ 病害虫の防除…………… 見つけたら早めに対処しましょう。
▶90頁へ

暑さ・乾燥対策

夏場にひどく乾燥させてしまうと、バラは大きなダメージを受けます。鉢植えは乾燥にくれぐれも注意が必要です。地植えも、1週間以上日照りが続いたらバケツ1杯分くらいの水やりをしてあげましょう。日中を避けて早朝に与えます。枝抜きや、株元の葉を摘むことも、暑さ対策に役立ちます。

鉢を二重にする

ひと回り大きな鉢を用意して、鉢カバーのように重ねる

↓

鉢に直接日が当たらないので、鉢内の温度の上昇を防げる

台にのせる

左は2㎝ほどの足がついた花台。右は素焼きのポットフィート(鉢のせ台)。ポットフィートは3個1セットで使用する

↓

花台やポットフィートは、地熱やコンクリートにたまった熱が直接鉢に伝わるのを防ぐ。鉢底に空間ができるので、通気性、排水性も高まる。ポットフィートは等間隔に履かせること

ここがコツ!

鉢植えの花が頻繁にしおれるようなら、真夏でも鉢増しを

日に日に水もちが悪くなり、朝水やりしてもお昼ころにはしおれてしまうような状態の鉢植えは、夏越しが危ぶまれます。すでに現状の鉢では蒸散のサイクルが合わなくなっているので、ただちにひと回り大きな鉢に植え替えましょう(102頁参照)。植えつけや植え替えの時期として真夏は適期とはいえませんが、根鉢を崩さないように気をつけて行えば大丈夫です。

西日を避ける

1日の日差しの中でも西日は特に厳しい。暑さに弱い品種は、半日陰や西日を避けられる場所へ移動するとよい。一時的にすだれを立てかけるのも効果がある。遮光率は50%くらいが目安

Point

台風対策は備えとアフターケアが大事

台風の影響が心配されるときは、地植えでは背の高い株や長い枝を支柱で固定しましょう。鉢植えは、風向きを判断して寝かせておけばよいでしょう。台風が去ったらすぐに、黒点病の予防のために消毒を。海辺に近い地域では、塩害で葉が傷む恐れがあります。台風後はすぐに真水で株全体を洗い流しましょう。

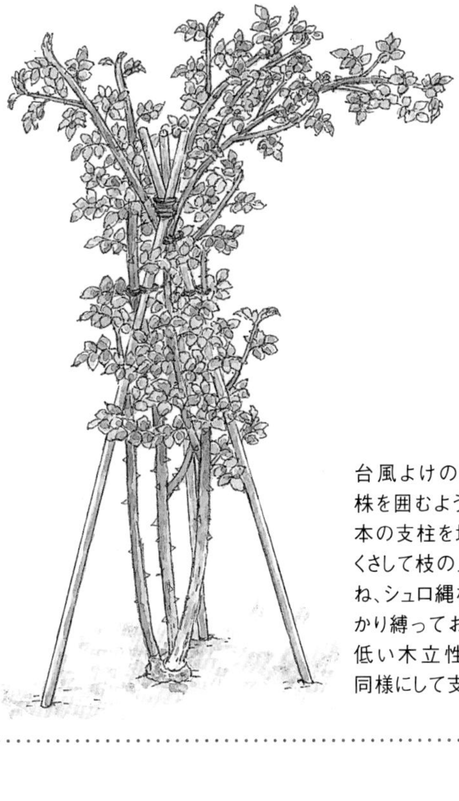

台風よけの支柱は、株を囲むように3〜4本の支柱を地中に深くさして枝の上部で束ね、シュロ縄などでしっかり縛っておく。丈の低い木立性バラも、同様にして支える

夏の剪定

四季咲きや返り咲きのバラは、秋の花も大きな楽しみですが、花後の切り戻しを繰り返しているだけでは残暑の続くころに開花して、あまりよい花が望めません。春とは違った秋バラの魅力を満喫するには、ちょうど涼しくなってきたころに開花するように、タイミングよく剪定を行いましょう。

咲かせたい日から逆算して行う

関東地方以西の暖地ならば、10月半ばあたりに咲かせるのが一般的です。秋は剪定してから開花まで、およそ2か月弱の時間がかかりますから、10月半ばの開花を狙うには、8月下旬〜9月中旬が夏剪定の適期。ただし、気温が高いほど開花は早まりますし、同じ株でも枝の太さの違いなどによって開花にばらつきが出ることもあります。はじめは、近所で長年バラを栽培しているお宅や、近隣のバラ園に剪定時期を尋ねると参考になるでしょう。後は、経験で覚えていきます。

浅めに切って葉をなるべく残す

剪定は、株全体をよい芽のあるところまで切り戻して、いっせいに各枝から花を咲かせるための作業です。冬にも行いますが、休眠期に実施する冬の剪定(108頁参照)は、ある程度思いきって枝を切り詰めるのに対して、夏の剪定は光合成を盛んに行っている真っ最中なので、少し配慮が必要です。葉をなるべく残せるように、切る長さを必要最小限にとどめることがポイント。日常的に行っている枝抜き作業を同時にていねいに行って、風通しをよくし、どの葉にもよく光が当たるようにすると、よりよい花を咲かせてくれます。

「シャルル・ドゥ・ゴール」の秋の花は、藤紫色の花色が冴え、凜《りん》としたたたずまい。香りの豊かさも増すように感じられる

ここがコツ!

秋バラは1輪1輪の美しさを愛でる

秋バラは、春の開花より花数や花の大きさは劣ります。けれども、秋は穏やかな日差しと涼しい気温によって開花がゆっくりと進むので、花色は鮮やかに濃さを増し、秋の花色こそ品種本来の色ともいわれます。花形はきりっと整って味わい深く、気温の低下にともなって長く咲き続けることで、春の2〜3倍は花もちします。春はバラの花景色を楽しみ、秋は名残のバラをじっくりと慈しんであげてください。

1 高さを決める

ハイブリッド・ティーは、芽が伸びて花をつけるまでの花枝が長い品種が多く、このまま開花するとだいぶ樹高が高くなる。夏の剪定を行うと、望む高さに調整できるという利点もある

まず、不要な下枝を枝抜きする。次に、咲かせたい花の高さをイメージして、花枝の長さ分を引いたところで切る位置を決める。花枝の長さは品種によって異なるので、剪定の経験を重ねて徐々に覚えていくとよい。花やつぼみがついていても、剪定はタイミングが大事なので思いきって切る

基準にする枝をまず1本切る。一番花の花後に伸びた枝の中から、丸く締まった芽を探し、外側を向いて出ている芽(外芽)の上で斜めに切るのが基本(109頁参照)。外芽は外向きに枝が伸びて、バランスのとれた樹形になる。斜めに切るのは、雨水が芽にたまらないようにするため。株の中心部にある枝は、伸びてきたときに枝同士がぶつからないようにバランスを見て切る。ほかの枝も高さを合わせて切る

2 枝を整理する

交差した枝がある場合は、しっかりしているほうの枝を残して、もう一方は切る

枝を整理して、風通しがよくなった。この後、株元の込み合っているところは、葉を取って透かすとよい

すっきりしてどの枝葉にも日光が当たるようになった。切ったすぐ下の葉のつけ根にある側芽から新しい枝が伸びて、花をつける

病害虫の防除

真夏の暑さで、多くの病害虫も活動を休止したり、勢いが弱まります。ところが、そんな時期を好んで発生するのがハダニです。大量発生しやすい害虫なので、早期発見できるように十分注意しましょう。黒星病にも引き続き注意が必要です。

真夏の暴れん坊に用心!

ハダニ

[　症状　]：葉裏に小さな虫が密生して寄生し、樹液を吸う。葉は白っぽくなって落葉してしまう。対処が遅れると、たちまち繁殖してすべての葉を失う。高温乾燥状態を好み、水を嫌うため、乾燥しがちな鉢植えで被害が多い。特に、雨や夜露がしのげるベランダ栽培では被害にあいやすい。

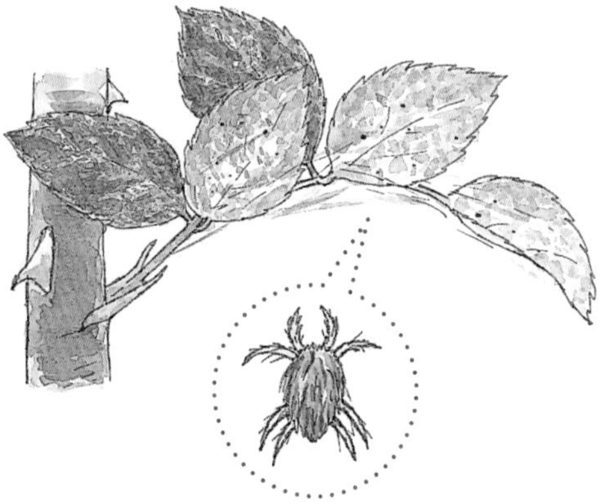

[　予防策　]：丈夫な株に育てることが第一。ベランダの鉢栽培では、できるだけ日当たりのよい場所をバラに割いて、鉢の間隔を十分にあけて管理する。ふだんから葉裏に勢いよく水をかける「シリンジ」を定期的に行うのも有効。

[　対処法　]：早期なら、シリンジで払い落とせる。勢いのある水をたたきつけるように葉裏にかけるのがポイント。ホースの口をつまんで細くするか、噴霧器の噴霧口を少し緩めて粗い霧にしてかけるとよい。昼間は水滴がレンズとなって葉の温度を上げてしまい葉焼けしやすく、夕方行うと水分が残って黒点病を誘発する恐れがあるため、シリンジは朝早い時間に行うこと。効果がない場合は、害虫の気門をふさいで殺虫する天然物由来の殺虫剤、「アーリーセーフ」の使用がおすすめ。

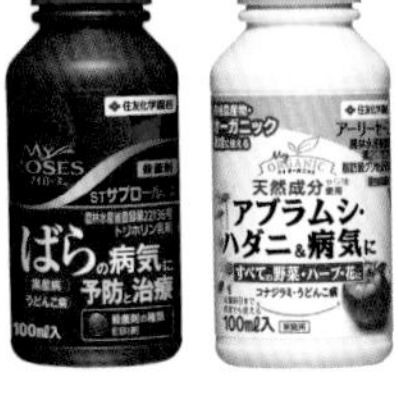

アーリーセーフ(右)
有効成分に食品のヤシ油を使用した環境にやさしい殺虫・殺ダニ剤。速効性で臭いも少ない。水で薄めて散布する。

サプロール乳剤(左)
特に防除の難しい黒星病に優れた効果がある。侵入した病原菌を退治する。

バラの宿敵に警戒続行!

黒星病(黒点病)

[　症状　]：葉に黒い病斑が出て広がり、やがて黄変して落葉する。下葉から株の上部へ広がり、対処が遅れるとまたたくまに蔓延《まんえん》してしまう。梅雨期終盤の7月前半はまだ要注意。高温期に勢いは弱まるが、9月に入って気温が少し下がれば再び活発化する。

[　予防策　]：ウイルスが水を媒介して株元の古い葉から侵入するため、古い葉を摘み取って風通しをよくする。鉢植えは、雨の日に軒下などへ移動する。雨予報の前日に予防消毒をしておくと効果あり。台風の後も多発しやすいので、直後に予防消毒しておくとよい。ただし、夏期は薬害が出やすいため、薄めに希釈してかける。必ず風のない朝夕の涼しい時間帯に行うこと。8月末に予防をしっかりする。

[　対処法　]：感染した葉とその上下の葉を摘み取り、落葉した葉も拾って処分する。適用する治療薬（126頁参照）を感染した株とその周囲の株に散布。症状が治まらない場合は、3～4日おきに連続して3回ほど散布して根絶する。

【注意】本書に掲載されている商品や登録データなどは2023年2月現在のものです。薬剤の適用については変更されることがあります。最新の登録・失効情報は、農薬登録情報提供システムから検索してください（https://pesticide.maff.go.jp/）。必ず商品のラベルや説明書に従い、適正にご使用ください。

10～12月の作業

秋咲きバラやローズヒップが楽しめる季節です。
春とは違ったバラの魅力をじっくりと味わいましょう。
大苗が出回りだす時期でもあるので、植えつけに挑戦してみてください。
外気が5℃以下になるとバラは休眠します。足早に過ぎる秋の作業時間はわずかです。

☑ *Check Sheet*

□ 植えつけ……………………大苗は根を広げて、鉢底に根の伸びるスペースを残して植えましょう。鉢苗は根鉢を崩さずに、元肥は適量を守って。
▶92、94頁へ

□ 水やり……………………乾き具合を見ながら、与えるときはたっぷりと。
▶63頁「日々のお手入れ4つの心得」へ

□ 枝抜き……………………内側の枝を整理する程度でOKです。
▶78頁へ

□ 花がら切り・切り戻し……毎日行うと病気も少なくなります。
▶79頁へ

□ 中耕……………………最後の花が終わったら行いましょう。
▶104頁へ

□ 寒さ対策……………………鉢植えはなるべく日当りのよい場所へ移動を。寒冷地では、わらやむしろなどで早めに保温対策を。
▶98頁へ

□ 病害虫の防除……………最後の防除を行って、休眠期を迎えましょう。
▶126頁へ

鉢植えにする

大苗・鉢苗の植えつけ

大苗は根の量が多いので、はじめから鉢がいっぱいになりがちですが、これから新しい根が伸びるスペースを鉢底に残しておくことが大事です。7〜8号鉢で余裕がなければ深鉢を使いましょう。つぼ形の鉢は植え替えがしにくいため不向きです。

1 根のまわりの土を落とす

[用意するもの]

苗、鉢、用土、元肥、移植ゴテ、鉢穴が小さければ軽石（大粒）、剪定《せんてい》ばさみ、篠竹《しのだけ》などの細い棒、活力剤、水を張ったバケツ、ハスロ付きのジョウロかシャワー付きのホース

大苗は根を乾かさない目的でポットに仮植えされている。根を水ゴケで巻いたものや、土のついていない裸苗もある

大苗はポットから抜くとたいてい根のまわりの土がこぼれ落ちるが、心配はいらない。新しい根が伸びていなければ、余分な土は落としてしまったほうが鉢内の根のまわりの環境が均一になって望ましい。鉢苗は11月までは根鉢を崩さずに植える

2 大苗を活力剤につける

大苗は、傷んだ根や長すぎる根があれば、あらかじめ切って根を整理しておく。鉢苗は休眠期の植えつけならば、根が回っていたら根鉢の底や肩を少し崩して植えるとよい

大苗は、根を活力剤につけてから植えつけると活着がよくなる。希釈率やつける時間は使用方法に従う。ここでは、「バイオゴールドバイタル」（67頁参照）を使用

ここがコツ！

葉が出ている大苗は、土を落とさないように植える

大苗は10月から3月まで植えつけできます。秋、冬、春先と季節をまたぐので、植えつける時期によって根の扱いに気をつける必要があります。冬の間は葉のない姿で出回りますが、シーズンはじめや終盤には暖かくて葉を出している大苗があります。このような苗は根が動きだしているので、新しい白い根を傷つけないように、根のまわりの土を落とさずにそっと植えつけましょう。

3 根を均一に広げ、主幹をまっすぐ立てる

軽石のまわりは根が伸びないので、用土や鉢の排水性に不安がなければ必要ない。規定の分量を守って元肥をまんべんなく混ぜた用土を、鉢の半分くらいまで加えておく。準備した鉢に対して、株の中心が鉢の真ん中にくるように苗を入れる。大苗は鉢底に向かって均一に根が広がるようにする

用土を足して、ウオータースペースが3cmくらいとれるように高さを調節する。中心の枝がまっすぐになるよう、注意しながら植えつける。接《つ》ぎ口は地表に出すこと

4 根のすき間までしっかり土を入れる

大苗は用土を加えるさいに根と根の間にすき間ができやすい。篠竹など細い棒を突き刺しながら、根の間にていねいに土を入れていくことが大事。また、接ぎ口が土に埋まらないように注意する。接ぎ口のテープは、大苗も鉢苗も後で食い込んでくるので、はずしておく

植えつけが完了したら、すぐに細かなシャワー状の水をたっぷり与える。シャワーの水は土に酸素も供給し、根のすき間に土を埋めてくれる。表土をかたくしてしまう心配もない

庭植えにする

大苗・鉢苗の植えつけ

庭土は多くの場合、締まっていて通気性が悪いため、軽く掘ったくらいではバラの根は生長できません。重労働ですが掘れるのは最初だけですから、できるだけ深く大きく掘り、有機質の多い通気性のよい土に改良してから苗を植えつけましょう。

1 植え穴を掘り、土をブレンドする

[用意するもの]

苗、赤玉土（中粒）、腐葉土、堆肥、ミリオン、元肥、活力剤、スコップ、ハスロ付きのジョウロかシャワー付きのホース

日当たり、風通しのよい場所に、深さ50cm、直径50cmの植え穴を掘る。掘り上げた庭土3:堆肥1:ミリオン1:赤玉土3:腐葉土2の割合でよく混ぜ、元肥を規定量の半量加えてさらに混ぜる。堆肥や腐葉土は必ず完熟のものを使う。大苗はポットから抜いて土を落とし、希釈した活力剤を入れた水につけておく（92頁参照）と発根がよくなる

穴に堆肥を5〜10ℓ加え、スコップで底の土となじませる。残りの元肥を加えてよく混ぜる。排水の悪い土の場合は、ミリオンを多めに入れる。混ぜ合わせた用土を7割くらい穴へ戻す

2 主幹をまっすぐに植え、土を踏み固める

大苗は根を均等に広げ、穴の中心に主幹がまっすぐ立つように置く。まわりに残りの用土を半分くらい戻したら、棒などで根と根の間に土を入れる。接ぎ口が地表へ出るように高さを調整し、残りの用土を入れて穴を埋め戻す。鉢苗は、休眠期なら根鉢の底や肩の部分を少しほぐしてから植えるとよい

根の周囲の土を軽く踏み固める。水分といっしょに酸素が根に行き渡るよう、シャワーでたっぷりと水やりする。1度水が引いてからもう1度与えるとよい。まんべんなくしみ込むかどうかをよく見届ける。しみ込まずに地表を流れていくようなら、株のまわりの土に腐葉土をすき込んでおくとよい。植えつけ直後は庭植えもしおれやすい。表土が乾いたらたっぷり水やりする。1月になると凍るので、腐葉土でマルチングを

花壇に複数の株を植える場合

木立《きだち》性のバラも剪定によって樹高や樹形のコントロールが可能です。枝を横へ広げたり、狭い場所なら縦に伸ばしたり、スペースに応じた仕立て方を工夫するのもバラ栽培の楽しみのひとつといえます。花壇などに複数の株を植える場合は、株間を何㎝あけるというマニュアルにとらわれないで、全体のバランスを見て、均等に株間をとれば大丈夫です。

ガレージわきに設けた奥行き約60㎝、長さ約12mの帯状の花壇に、大苗と鉢苗合わせて10株を植栽。ここではおもに、四季咲きの木立性、半つる性品種をセレクト。各株の枝の伸び方や、どれくらい大きくなるかなどの予習は当然きちんとしておく。植えつけ後の水やりで水がすぐにしみ込まない部分があったので、水はけを改善するために、その後花壇をかさ上げして苗はすべて植え直した

1月にレンガ2個を積んで約20㎝ほど盛り土したことで、花壇の水はけ、通気性は格段に向上。どの株も順調に芽吹いて葉を展開し始めた。葉がたくさん出ているのは鉢苗だった株

植えつけから約5か月。白花を中心にしたシックで華やかな花壇ができあがった。どの株もたくさんの花を咲かせて、無機質だったガレージにやさしい表情を与えてくれている。すでに花がら切りを終えた株もあれば、まだたくさんのつぼみをつけた株もある

ロング苗をアーチに

苗を植えつけた翌春からつるバラの風情を楽しめるのが、ロング苗の魅力です。1m以上伸びた枝を休眠期に入りしだい誘引しましょう。早くアーチの天井部に花を咲かせるためには、これから出てくるベーサルシュート(54頁参照)を元気に伸ばすことが大事です。

1 植え穴を準備して、根鉢を崩す

[用意するもの]
苗、赤玉土(中粒)、腐葉土、堆肥、ミリオン、元肥、スコップ、株分けナイフ、シュロ縄やビニタイ、ハスロ付きのジョウロかシャワー付きのホース

アーチの外側に深さ、直径ともに50cmを目安として植え穴を掘り、石などは取り除いておく。掘り上げた庭土3:堆肥1:ミリオン1:赤玉土3:腐葉土2の割合でよくかき混ぜて、元肥を規定量の半量加えてさらによく混ぜる。穴に堆肥を5～10ℓ加え、スコップで底の土とよくなじませてから、残りの元肥を加えてさらに混ぜ、先に混ぜ合わせた用土を7割くらい穴へ戻す

根詰まりぎみの鉢苗は、鉢を倒して側面をトントンと叩くと苗を抜きやすい。生育期は根鉢を崩さないのが基本だが、休眠期に入れば写真のように根鉢の底や肩の部分をほぐすと新しい根が張りやすくなる。根切りナイフを使って切り落とすようにすると楽にほぐせる

2 アーチの足元から少し離して植える

アーチの側面に枝を添わせるために、根鉢はアーチの基部から少し離し、アーチ側へ斜めに傾けるように植えつける。枝の支柱は付けたままのほうが作業しやすい。接《つ》ぎ口が地表へ出るように高さを調整し、残りの用土を入れて穴を埋め戻す

植えつけ完了後、根鉢と土が密着するように根の周囲の土を軽く足で踏み固める。土の表面は平らにする

3 いちばん太く 長い枝から誘引する

支柱をていねいにはずす。葉はすべて摘み取り、枝先を鉛筆くらいの太さのところまで切り詰めておく

いちばん太くて長い枝から誘引する。下のほうからまっすぐに、シュロ縄でしっかりと留めていく。まっすぐ誘引するのは、早く枝先を伸ばしたいため。結び方はどんなふうでもかまわないが、これからさらに太くなることを想定して、少し遊びをもたせて結ぶことが大事。長い枝から順次誘引していく

主枝から出ている側枝や、腰丈くらいの長さの枝は、少し寝かせて誘引すると翌春多く花をつける。すべての枝の誘引を完了したら、シャワーでたっぷりと水やりする

玄関のアプローチに バラのアーチを

香りのよい四季咲きの品種を咲かせて、
くぐるたびに心楽しくバラと親しめます。

12月

門扉から玄関へ向かう約3mのアプローチに、アーチを2基連ねて設置。アーチ選びは建物とのバランスが大事。ここでは、高さ210cm、幅120cm、奥行き42cmのシンプルな鉄製アーチを1m間隔で立てた。アーチの両側にひと株ずつ植栽。4株のうち3株は半つる性品種をセレクト

↓

5月

ロング苗を植えつけたので、翌春にはアプローチの両サイドがバラの花で華やかに。手前のアーチは左右とも四季咲きの半つる性バラ「ザ・ジェネラス・ガーデナー」。同一品種を植えれば、バランスのとれた美しいアーチに仕立てられる。アーチはくぐり抜けて間近にバラと親しめる場だから、とげの少ない品種を選ぶのがベスト

寒さ対策

植えつけて間もない苗や、これから冬の間に植えつける苗は、根がしっかりと張らないうちに寒さに耐えなければならないので、霜よけのマルチングを施しましょう。寒さに弱い品種には、成木にもマルチングは有効です。

鉢植えの場合

完熟の腐葉土または堆肥を用意する。水やりをしてから、株元にたっぷりのせて鉢土を覆う。秋に植えた大苗や鉢苗は12月に、冬期に植える苗は植えつけ時に、春夏に植えた新苗や鉢苗は、1〜2月に鉢替え（土替え）作業を行うさいに施す

冬の乾燥と寒さから根全体を守るために、接ぎ口部分も覆って、手のひらで軽く押さえて密着させる。なるべく日だまりになる場所へ移動することも大事。春になったら、接ぎ口は地表へ出すこと。土の乾き具合は腐葉土の下をさわって確かめ、冬の間も5〜7日に1回水やりする

庭植えの場合

鉢植えと同様に、完熟の腐葉土または堆肥を用意する。秋に植えつけた大苗や鉢苗は、水を与えてから株元にたっぷり置いて、接ぎ口も埋める。冬期に植える苗は、植えつけ完了後に水やりをしてから同様にマルチングする。いずれの場合も、春になったら接ぎ口を地表に出すこと。腐葉土や堆肥はほうっておいても微生物によってしだいに分解されるが、株元がずっと埋まりすぎているのはよくない。役割がすんだら、地面に薄く広くならしておく

ここがコツ！

寒冷地では丸ごと覆って寒風をやわらげて

寒冷地では、初霜が降りる前に防寒対策を行いましょう。苗を囲むように支柱3本を立てて先端をまとめてしっかり結び、骨組みを作ります。その上から、わらやむしろ、ヤシ殻マット、園芸用不織布、フリースの毛布などをかぶせ、シュロ縄でしっかり結んでおきます。

バラの実を楽しむ

ノイバラなどの原種系のバラや、一重咲きや半八重咲きの園芸品種には、秋に美しいローズヒップ（バラの実）が楽しめる品種が多くあります。なかでもローズヒップの代表種「ロサ・カニナ」は、生育旺盛《おうせい》で結実しやすいおすすめの品種です。ローズヒップの簡単な活用術をご紹介しましょう。

ローズヒップティーを作ってみよう

ローズヒップには、赤のほかにオレンジや黄色があり、球形、縦長のフットボール形、扁平《へんぺい》なトマト形など形もさまざま。大きさは2～3㎜の小粒から、2～3㎝の大粒まで品種によってバラエティがあります。どれもビタミンCやカルシウムをたっぷり含んでいて、疲れやイライラを癒《い》やしてくれるハーブティーとして味わえます。実を割ってタネと果肉を取り除いて利用するため、大きめの粒がおすすめです。

オールドローズ「アルバ・マキシマ」の実。結実して赤く色づいていく過程も美しい

作り方

❶ バラの実を軽く洗ってほこりを落とし、乾燥させる。

❷ 実を割って中の果肉とタネを取り去り、表皮だけを残す。

❸ 表皮を風通しのよいところでよく乾燥させ、密閉容器に入れて保管する。

❹ 市販の茶こし袋に❸をティースプーン1～2杯入れ、温めたティーポットに袋ごと入れて熱湯を注ぎ、2～3分おいてティーカップに注ぐ。酸味があるので、好みでハチミツや砂糖を加えると飲みやすくなる。濃いめにいれて、氷を入れてアイスティーにしてもおいしい。

ドライフラワーやリースで楽しもう

ローズヒップの中でも、小粒な赤い実が無数に実る様子はたまらなく愛らしく感じられます。房咲きの花の後に実った鈴なりの実は、ばらばらにしてはもったいないので、そのまま枝ごと切って部屋に飾ってみてください。水に生ける必要はないので、どんな場所でも楽しめます。クリスマスのリースに利用してもすてきです。伸張力旺盛な原種系のつるバラ以外にも、「バレリーナ」「スノー・グース」「モーツァルト」など育てやすい半つる性バラで、ローズヒップを楽しめる品種があります。

「フランシス・E・レスター」は、春の終わりに開花する一重の房咲きつるバラ。秋の実もとてもかわいい

Column 3

バラはたくましくて丈夫な植物

「大苗を枯らしちゃった！」と顔なじみのお客様が「サマー・ソング」の大苗を抱えて店に駆け込んできたのは10年前の春先でした。ひと枝は枯れ、もうひと枝は伸びだした芽がしなびていて瀕死《ひんし》の状態。とにかく預かってみることになりました。

原因は不明でしたが、地上部がしなびるのは根が水分を吸収できていないということ。きれいな水を与えて鉢ごとビニール袋をかぶせて湿度を保ち、無加温のハウスの中で見守ること約1か月。なんとか新しい根が伸びだしたようで、芽は復活しました。

「枯れる」ということは、逆から見れば「バラは生きようとしている」という証《あかし》です。ここまで枯らして、ここだけは生きよう、と必死でがんばっている瀬戸際。だから、枯れ始めたときは助けるチャンスなのです。

日ごろからバラをよく観察して、ぷりぷりした元気な茎をたくさん見ておいてください。そうすれば、しおれてきたときにすぐ気づくことができます。元気がなくなったみたい、と感じたら、活力剤をあげてみるのもひとつの対策です。それでも枯れてきてしまったら、自分一人で悩まないで専門家に相談してみてくださいね。

バラの寿命は、一説には100年くらいといわれます。なにしろバラは花木ですから、苦手な環境で溶けて消えてしまうようなデリケートな草花とは違います。バラは「手のかかる弱い植物」というイメージは誤解です。育て始めると、「手をかけるほどよくなる丈夫な植物」だと感じてもらえると思います。

「サマー・ソング」はあでやかな濃いオレンジ色。香りも人気のイングリッシュローズ

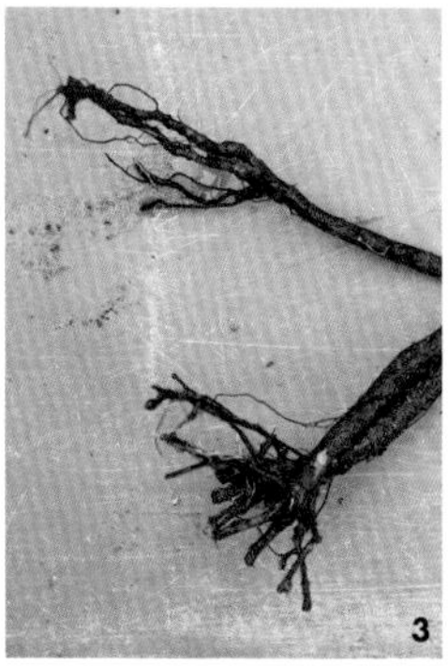

1 鉢ごとビニール袋をかぶせておくと鉢内の湿度が保てる
2 芽が元気を取り戻した大苗
3 植え替えてみると、ゴボウのような根からわずかに細根が伸びだしていた

1〜3月の作業

休眠期は落葉して根の活動も低下しています。
植え替えや元肥を入れるさいに多少根が切れても大丈夫。
とはいえ、休眠期も水やりは必要なので忘れずに。2月には芽が動きだします。
冬の作業は目白押しです。やり残しがないようにチェックしてください。

☑ *Check Sheet*

□ 植えつけ…………………… 良質なバラ専用用土で植えましょう。
▶92、94頁へ

□ 水やり…………………… 土が凍っているときは解けてから、日中にたっぷり与えます。
▶63頁「日々のお手入れ4つの心得」へ

□ 元肥…………………… 有機質（腐葉土など）といっしょに混ぜましょう。
▶104頁へ

□ 鉢増し・鉢替え（土替え）…………………… 大鉢は土ごと根切りして部分的に土替えを。
▶102頁へ

□ 移植…………………… 極寒期は避けて、春先に行いましょう。
▶106頁へ

□ 冬の剪定《せんてい》・誘引…………………… 2月までに作業は終えるようにしてください。
▶剪定は108頁〜、誘引は116頁〜

□ 中耕・天地返し…………………… 翌年のバラを咲かせる重要な作業です。
ていねいに広い範囲を耕しましょう。
▶104、105頁へ

□ 病害虫の防除…………………… 冬でも暖冬の場合は発生します。
防除を忘れずに。
▶126頁へ

鉢増し・鉢替え
（土替え）

鉢植えのバラの健やかな生長のためには、できるだけ年１回新しい用土で植え直し、あらたに根が伸びるスペースをつくることが必要です。２月中には芽が動きだすので、なるべく早く行いましょう。

1 根鉢を崩す

[用意するもの]
鉢植えの株、鉢、用土、元肥、移植ゴテ、必要であれば軽石（大粒）、根切りナイフ、剪定ばさみ、篠竹《しのだけ》などの細い棒、活力剤、バケツ、ハスロ付きのジョウロかシャワー付きのホース

用意する鉢は、株を今より大きく育てたい場合はふた回り大きいサイズ、株の大きさを維持したい場合は同じサイズに

植え替えは剪定と合わせて行うとよい。ここでは、剪定を終えた株を植え替える。鉢から根鉢を抜くと、根が回って植え替えが必要な状態。根鉢の表面に細根が水を求めて集まっているのがわかる

根鉢の肩の部分をまずほぐす。このあたりにはあまり根は張っていないので、根切りナイフで土を削ぎ落とすような要領で行う

根鉢の側面に、株分けナイフで縦に浅く切り込みを入れる。こうすると、古土が落ちやすくなる。根鉢の底も少し切って、手でほぐす

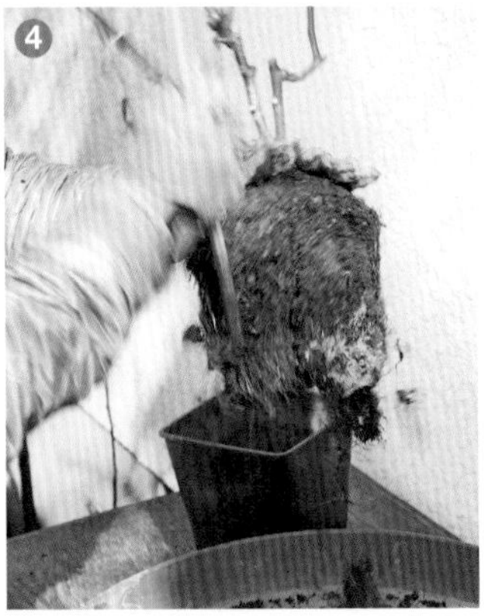

続いて、ていねいに棒で根鉢を突いてほぐし、古土を落とす。毎年植え替えていればほぐしやすいが、１〜２年やっていないと土が固まっていてほぐすのに苦労する

このくらいまで、根鉢をほぐしてやるとよい

2 余分な古土を落とす

ほぐした根鉢にホースで水をかけて余分な古土を落とす

水を張ったバケツの中に根鉢を浸して、上げ下げして土を落とす方法でもOK。このとき、活力剤を加えてもよい。希釈率は規定に従うこと

1度洗って土を落とすと根が見やすくなる。傷んだ根や長すぎる根を切り、イチゴ形にするイメージで

3 主幹を上に向けて植える

あらかじめ適量の元肥をまんべんなく混ぜておいた用土を鉢の半分くらいまで入れて、主幹が上を向くように根を置いてみる。用土を足しながら、棒で突いて根のすき間にもしっかり土が入るようにする

接《つ》ぎ口が地表に出るように植える。ウオータースペースは3㎝くらいあけておく

植えつけが完了したら、シャワーでたっぷりと水を与える。1度水がしみ込んでから、もう1度たっぷり水やりをするとよい

元肥・中耕

庭植えのバラに行います。元肥は、一番花とその後の根や枝を育てるために、株元から約50cm離して埋め込みましょう。株元のまわりの土はしだいにかたく締まって、水はけや通気性が悪くなるので、同時に耕して改善（中耕）します（70頁参照）。

1 株元から50cmほど外側を掘り起こす

株元から50cmくらい外側のかたくなった土を掘り起こす。多少根が切れるが、それがかえってよい刺激になる。それより内側は根が密に生えていて、切りすぎると乾燥しやすくなってしまうので避ける。掘り起こすには、スコップやフォークなどを使う。ここでは半円を描いて掘っているが、数カ所部分的に掘ってもよい

掘り起こした土の上に腐葉土をのせていく。堆肥でもかまわない。腐葉土や堆肥などの有機質資材と混ぜて元肥を与えると、土に力がついて肥料分がじわじわと効き目を発揮する

2 溝を切って元肥を入れる

掘り起こした庭土と腐葉土をスコップでサクサクと混ぜながら、元肥を入れるための溝を切っていく。せっかく耕した土を踏み固めてしまわないように、作業は後退しながら行う

溝の中に元肥を入れて埋め戻す。元肥にはバラ専用のものか、リン酸とカリの多い肥料を使う。肥料によって適量は異なるので、袋の表示をよく読んで規定の分量に従う。肥料の与えすぎは株に悪影響を及ぼすので注意する

天地返し

庭や花壇全体に行う土壌改良の作業です。1〜2年に1度行うとバラの生育がみちがえるほどよくなります。面積が広い場合は全体をいくつかのブロックに分けて、少しずつ行うとよいでしょう。あらたにバラを庭に植えつける場合も、最初に天地返しをやっておくと生育がよくなります。

1 全体に腐葉土や肥料をまく

バラが植えられている場合は、株元から半径50㎝の範囲を避けて、庭全体に腐葉土などの有機質資材を数カ所に山にして置いていく。それらを全体に平らに広げる

さらに緩効性肥料、粒状石灰、赤玉土を、庭土全体に均等にまいていく。肥料には「ローズグロウ」を使用。ほかに有機質資材として堆肥も投入

2 よく混ぜる

スコップを土に突き刺し、てこの要領で掘り返す。スコップの肩に足をのせて体重をかけると、刃を深く入れることができる。これを繰り返し、腐葉土や肥料をまいた土全体を天地返しする

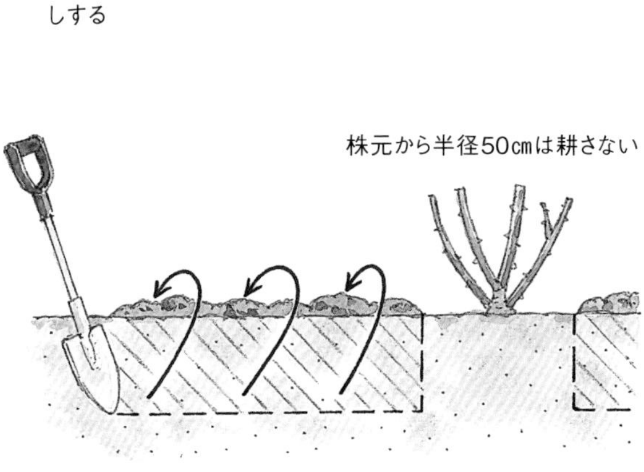

スコップの刃の長さ(25〜30㎝)くらいの深さまで庭土を掘り上げ、腐葉土などの有機質資材とよく混ぜる

移植

庭植えのバラは別の場所に移植ができます。バラの根はとても強くて新陳代謝が活発なので、大株でも可能です。ただし、根が切れると水分を吸い上げる能力が落ちるため、移植する前に冬の剪定で枝を短くし、翌春の根の負担を軽くすることがポイントです。根づきやすいように、寒さが緩み始める3月初旬ころ行うとよいでしょう。

1 植え穴を掘り、土を改良する

[用意するもの]

赤玉土（中粒）、腐葉土、堆肥、ミリオン、元肥、活力剤、バケツ、スコップ

株を掘り上げる前に、移植用の植え穴を準備する。穴の大きさは深さ50㎝、直径1m。用土や土壌改良材の割合は、大苗・鉢苗の植えつけ（94頁参照）と同様。庭土が砂質土の場合は、庭土の割合を減らし赤玉土と腐葉土の割合を増やす

庭土と有機質資材など土壌改良材の7割と、元肥を植え穴に入れてスコップでよく混ぜる。元肥が効きすぎるところがないように、しっかりまんべんなく混ぜておくことが大事

2 株元から半径50㎝外側から掘り上げる

移植する株は、植えてから10年以上たつ木立《きだち》性バラ「クイーン・エリザベス」。掘り上げる前に剪定（108頁参照）する。水分の蒸発による乾燥や枯れ込みを防ぐために、太い枝の切り口には癒合《ゆごう》剤を塗っておくとよい

株元から半径50㎝くらいのところから掘る。なるべく深く掘って、根がたくさんついた状態で掘り上げるようにする。掘り上げた株は、根の病気〝根頭がん腫病〟（126頁参照）がないかチェックする

3 向きを決めて植える

掘り上げた株はできるだけ根を均等に広げて、用意した植え穴に置く。株の向きは、咲いたときに周囲の壁などに枝がぶつからないよう考えて決める。接ぎ口が地面の上へ出る高さで調整して、残りの用土で穴を埋め戻す

植えつけ完了。株元を軽く踏み固める。移植をした品種は直立性で樹勢がとても強いので、植えつけ後、古い枝をさらに少し整理した。今後シュートが出てきたら、今ある古い枝は切って株を若返らせる

バケツ1杯の水に適量を薄めた活力剤を、水やりを兼ねて株のまわりの広い範囲に与える。水がしみ込んだら、株元の土を平らにする

4月

12月に移植をした後、トレリスフェンスを設置してブロック塀とともに白くペイントを施した。このころから発根促進剤を与えると、根の伸びも早い

5月

移植から5か月後の「クイーン・エリザベス」。目線の高さまで花枝が伸び、明るいピンクの中輪花がいくつもの枝に美しく咲いた。つややかな照り葉が豊かに茂り、バランスのよい株姿に。花がら切りと切り戻しを繰り返せば、晩秋まで咲き継ぐ

木立性・半つる性の冬の剪定

剪定には、花をたくさん咲かせるためのポイントがいくつかあります。2月中には芽が動きだすので、できるだけ早く作業を終えましょう。

咲かせたい樹高と樹形をイメージする

冬の剪定は、来年の樹形をデザインする作業。まず、どんなふうに咲かせたいかイメージをもつことが大切です。そのうえで、自分の思い描く姿に咲かせるには、どこを切ったらよいかを考えます。芽が出て花をつけるまでどれくらい枝が伸びるのか（花枝の長さ）、枝の伸び方は横へ張り出すのか、直立するのかなど、そのバラの品種の特徴を徐々に覚えていくと、切る位置の勘どころがつかめてきます。最初はおおまかに、低く咲かせたい場合は深く切る、高く咲かせたい場合は浅く切るという方針でよいでしょう。夏の剪定と違い、休眠中は水分の移動が少なくなっているので、深く切ってもダメージを与える心配はありません。剪定は経験を積んで上達していくものなので、臆《おく》せず試してみてください。

不要な枝は切り取り、新しい枝を剪定する

病害虫を越冬させないために、葉はすべて摘み取ります。さらに枯れ枝、細く貧弱な枝、株の内側へ伸びて風通しを悪くしている枝などを、つけ根から切り取ります。ただし、この作業は、植えつけから２年以上たって枝が込み合ってきた株に行います。植えつけて間もない株や枝数の少ない幼苗は、細枝も光合成に役立つので枯れ枝だけ除きましょう。次に枝を剪定します。ポイントは、必ず前年に伸びた新しい枝を切ることです。こうすることで枝数が増え、花数も増えます。思いきって枝を深く切り詰める場合も、必ず新しい枝のどこかで切るようにしましょう。３年以上たって木質化した古い枝は、老化して養分の流れが悪くなってきているので、切っても芽が出ないことがあります。

半つる性のイングリッシュローズ「セプタード・アイル」。細い枝で込み合っている。大きく育てたいなら鉢の倍くらいの高さで、大きさを維持したいなら、鉢と同比率で切り戻す。細枝を残すと強いシュートが出にくくなり、コンパクトに咲く

鉛筆よりも細い貧弱な枝は、日当たりや風通しを妨げるだけなのでつけ根から切り、養分が無駄に使われるのを防ぐ。数本に枝分かれしている部分があれば、しっかりした枝を残して整理する

ここがコツ！

庭植えの木立性バラは、樹形を生かして剪定する

いつも庭を眺めている場所からバラを見てみましょう。いちばん美しい伸び方をしている枝を見つけてください。その枝を残すのが、庭植えのバラの剪定のコツです。主役の枝が決まったら、それを引き立てる枝は残し、じゃまになる枝は切ります。すると、あなたの庭の風景にナチュラルにとけ込む樹形ができあがります。木立性バラだからといって、こんもりした樹形にこだわらなくてもよいのです。

芽の向きに注意して、芽の上を斜めに切る

新しい枝は、剪定した切り口にいちばん近い芽から翌春伸びだし、その先端に花が咲きます。芽の向きを見ると枝が伸びる方向がわかるので、枝が伸びた姿をイメージして、自分が望む樹形に花を咲かせるにはどの芽の上で切るとよいかを判断します。切る位置は、選んだ芽のすぐ上を芽の向きと平行に、斜めに切るのが基本。傷がなく、まだ伸びだしていない丸く締まった芽がよい花を咲かせます。樹高と芽の向きを第一に、その中でよりよい芽を選びましょう。外側を向いて出ている芽（外芽）の上で切れば、枝は株の外側へ伸びてバランスのとれた樹形になります。株の中心部にある枝は、枝が伸びてきたときに枝同士がぶつからないようバランスを見て芽を選びます。

膨らみすぎていない芽を選び、芽の上5㎜くらいの位置で斜めに切る。こうすると、雨水が芽にたまりにくい。いちばん上の芽から切り口までの間に葉は出てこないので、芽の上をあまり長く残すと美しくない

「もったいない」は禁物。枝数は絞る

枝を切り戻すだけでなく、枝を間引くことも大事な剪定作業です。もったいないからと枝をたくさん残してしまう人が多いですが、これはバラのためになりません。枝数を多く残すと栄養が分散してしまい、花が貧弱になったり、花の咲かない枝が出ることもあります。また、枝が込み合って葉が密に茂ると、株内部が蒸れやすくなって病害虫の被害が早くから発生するなど、マイナス要因が増えることになります。枝数を絞ると各枝に栄養が行き渡り、日もよく当たるようになるので、すべての枝に花が咲きやすくなります。冬の剪定は少しさびしいくらい枝を間引いたほうが、少ない枝からたくさんの芽が出てすばらしい花が咲きます。

写真左／剪定を完了し、すっきりした姿の「セプタード・アイル」。鉢増しを前提に、樹高は高めに残した。写真右／剪定後に鉢増しし、翌春はバランスのよい樹形に生長。たくさんのつぼみをつけた

タイプ別　冬の剪定

ハイブリッド・ティー

ハイブリッド・ティーやフロリバンダなどモダンローズの木立性品種は、花枝の長さを覚えて樹高をイメージして切ります。鉢植えは好みの高さに、庭植えは周囲の植物とのバランスを考えて高さを決めましょう。

1

[品 種]

メルヘンケニギン（ハイブリッド・ティー／木立性）

樹形をよく観察する。花枝の長さや枝の伸び方も見て、春に花を咲かせたい樹高や樹形をイメージしよう。この品種は花枝が30㎝くらいの長さで、枝の伸び方は直立性

2

ある程度の長さを切り戻すことが予測できれば、はじめに株全体の枝先を軽く切っておくとよい。枝数が少しでも減れば、間引きが楽になる。葉も摘み取る

3

重なっている枝や徒長した枝がよくわかる。この株は左側の樹勢のほうが強いようなので、左右のバランスがとれるよう剪定で調整していく

4

内側を向いた枝や細く貧弱な枝、枯れ枝を切り取る。ある程度切ったら、もう1度全体を観察する。重なりすぎている部分があれば、細めな枝、古い枝をさらに間引いていく

5

芽の方向を確認しながら、咲かせたい高さから花枝の長さを引いた位置まで切り戻す。剪定前の枝の、1/2くらいの長さが目安。芽のないところで切ると枝が枯れることがあるので、必ず芽の上で切る

6

剪定完了。鉢植えの木立性バラの場合、鉢の高さを1として、樹高はその1/2くらいまで切り詰めても大丈夫。春には新しい枝が再び伸びてくる

タイプ別　冬の剪定

ミニバラ

接ぎ木のミニバラは、木立性バラと同様に剪定を。樹高は20～60㎝程度まで調整できるので、どのように咲かせるかイメージしてから剪定しましょう。こんもりと咲かせたい場合は、樹高を低めにします

1

[品種]
グリーン・アイス
（ミニバラ／木立性）

樹形をよく観察する。枝の伸び方は横張り性。シュートがたくさん発生しており、細枝も多くてかなり込み合っている。接ぎ口にテープが巻いてあったらはがしておく

2

低く咲かせたいか、高く咲かせたいかイメージしてから切る。今回は、樹高を低くして、こんもりと愛らしく咲かせることに。主幹になるシュート3本を選び、低めの位置にあるよい芽の上で切る。目安は、鉢の高さの1/2くらい

3

主幹の高さに合わせて、株全体をおおまかに切り詰める。こうすると、枝数が減って間引きが楽になる。葉も摘み取る

4

株の姿がはっきり見えてきたら、株内部の枯れ枝や細い枝を切り取る。株の中心に日が当たるように、内側を向いた枝も切り取る

5

芽が伸びてきたときに、どの枝もかち合わずに放射状に枝が広がるよう、残す枝を外芽の上で切り戻す。枝先は枝分かれしていてもよいが、込み合っているところは切る

6

剪定完了。深く切り戻しすぎると、開花時にボリュームがなくなってしまうので気をつけて。鉢の高さを1として、樹高をその1/2くらいに剪定すると、開花時には鉢と同じか1.5倍くらいの高さに咲く

タイプ別　冬の剪定

イングリッシュローズ

イングリッシュローズはベーサルシュートの出る品種が多いので、枝数を残しすぎないことがポイント。枝と枝の間隔が十分あくように間引きます。庭植えは、周囲の植物とのバランスを見て高さを決めましょう。

1

［ 品 種 ］
ジュビリー・セレブレーション
（イングリッシュローズ／半つる性）
樹形を見ると株元からシュートが多数出ており、先端は細枝が込み合っている。花枝の長さは経験を重ねて覚えるしかないが、切り戻しの跡から枝先までを見れば、おおよその長さの見当がつく

3

咲かせたい位置から花枝の長さを差し引いた高さで切る。芽の方向を見ながら、1本ずつ芽の上で切っていく。まわりにほかの植物がない場所なら、樹高を低くしたほうが景色になじむ。養分を分散させないために、主幹の側枝は切り取る

2

不要な枯れ枝や細枝を切り取った状態。地面近くの枝は、病気になりやすいので根元から切り取る。交差した枝や、枝同士が接近している場合は、弱いほうの枝を切り取り枝の間隔をあける

4

剪定完了。枝数を絞り、樹高は剪定前の1/2程度に切り戻した

6月初旬、大輪の花を房にして華やかに咲き誇る「ジュビリー・セレブレーション」。株元を引き立てる美しい縁取りは、キャットミント

つる性バラの冬の剪定

つる性バラは前年に伸びたシュートが翌年の主幹になり、そこからたくさんの花枝が出て開花します。古いシュートには花枝が出にくくなるので、シュートを更新すると株が若返ります。剪定作業はつるの誘引とセットで、2月までにすませましょう。

描きたい景色をイメージする

つる性バラで庭にどんな景色を描きたいか、最初にイメージしておきましょう。トレリスやオベリスク、アーチ、フェンスや壁面など、はわせるスペースと仕立て方に応じて、必要な枝の長さや密度を剪定で調整します。まっすぐに伸ばしていた新しいシュートは、支柱からほどいて葉を摘み取り、枝を間引く場合は、充実した枝を残します。充実した枝とは前年の春から夏にかけて伸びた新しい枝で、冬までに光合成を十分に行い、かたく締まった枝です。充実した枝は冬に枯れることがなく、春にたくさんの花を咲かせます。

不要な枝は切り取り、前年の花枝は剪定する

枯れ枝や細く短い貧弱な枝をつけ根から切り取ります。また、前年の10月以降に伸びたシュートは、まだやわらかくて水分の多い未熟な枝で冬の間に枯れることがあるので切り取りましょう。主幹となる枝から出ている太い側枝も、負担になるのでつけ根から切り取ります。古いシュートの途中から新しいシュートが出ている場合は、枝分かれしたところで切ります。全体のバランスを見て古いシュートを残すなら、前年に咲いた花枝は翌年も花をつけるので、1〜2芽残して剪定します。

つるバラの「安曇野」をフェンスに仕立てて、木々の緑と織りなす美しいコントラストを庭の最奥部に設けた例

古い枝の途中から新しいシュートが2m近く伸びている。新しいシュートに養分が集中するように、枝分かれした部分で古い枝を切り取る。古い枝を間引く場合は、写真のように、途中から新しいシュートが出ていないか確認を忘れずに

ここがコツ！

四季咲きの半つる性バラは、切りながら伸ばす

イングリッシュローズなど四季咲きの半つる性バラをアーチに仕立てると、晩秋まで繰り返しアーチを花で飾れます。ただし、つる性バラのようにシュートを更新して枝を入れ替えることはできないので、花後の切り戻しを繰り返しながら枝を伸ばします。主幹を早く伸ばすには、最初の1年は花をあきらめて枝を伸ばすことに専念するか、二番花、三番花は咲かせずに、つぼみを切り取るかします。

枝先を鉛筆程度の太さで剪定する

つる性バラは、鉛筆くらいの太さの枝に花が咲きやすく、それより細い枝先のほうの芽は、伸びても葉ばかり茂ります。先端まで花が咲いて美しい景色になるように、鉛筆の太さを目安に枝先を剪定しましょう。ただし、原種やオールドローズのつる性バラの中には、爪《つま》楊《よう》枝《じ》のような細枝にも花をつけるものもあります。このような品種は、前年に伸びた直径1㎝以下の細枝を残さないと葉ばかり茂ってしまいます。品種ごとの枝の伸び方や花の咲き方の特徴を、徐々に覚えましょう。

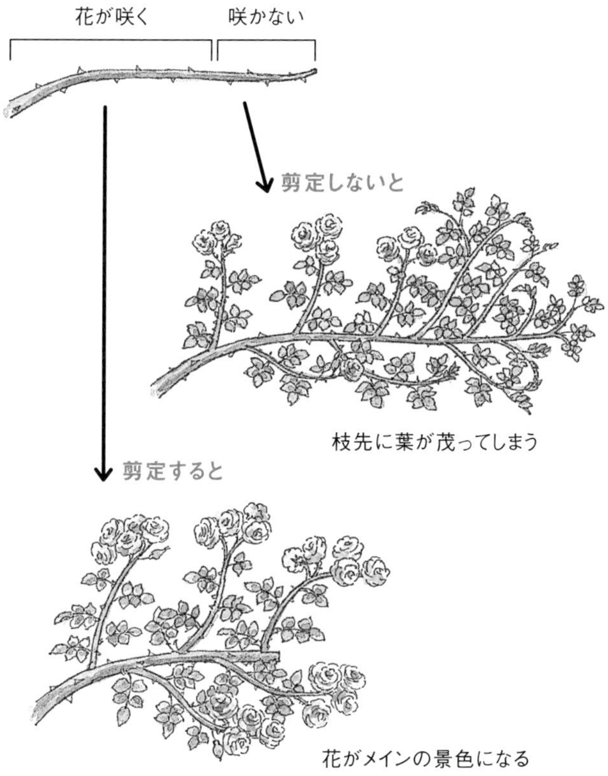

強い枝は極力切り、細枝はわざと残す

太くて直線的な枝は主張が強くて、どんな仕立て方の場合も浮いてしまいがちです。つけ根から切り取るか、短く切り詰めて細くやわらかい枝を出させます。太枝は太枝切りかノコギリで切り、切り口には癒《ゆ》合《ごう》剤を塗っておきましょう。また、つる性バラは株元がさびしくなりがちなので、ある程度長さのある細い枝が低い位置にあれば残して、誘引のさいに枝先を曲げておくと株全体に花を咲かせることができます。

低い位置に出ている細枝は、多少長さがあれば全体のバランスを見て残しておくとよい。誘引するさいに枝先を曲げると複数の花が咲きやすくなる

つる性バラの誘引

つる性バラで庭に自分好みの景色をつくるのは、バラ栽培の醍醐味のひとつです。誘引は花を咲かせたい位置をイメージしながら、美しい枝の流れも意識して行いましょう。芽を傷めないように、2月中には作業を終えてください。

自然な枝のカーブを生かす

誘引の基本は、前年に伸びた充実した枝を水平に倒して「頂芽優勢《ちょうがゆうせい》」(53頁参照)を崩すことです。こうすると、たくさんの芽に養分が分散されて花枝が多く出るようになります。どの枝もできるだけ水平に誘引して枝同士を平行に配置すると、まんべんなく均一に花を咲かせることができます。とはいえ、誘引はバラそれぞれの性質に合わせて、いちばん美しく見えるスタイルを見つけたいもの。その枝がもともともつ自然なカーブを生かして緩く誘引すれば、つる性バラのナチュラルな美しさを引き出せます。

枝をぴったり添わせる

どのような仕立て方でも、主幹になるいちばん長い枝を下のほうから誘引していきます。アーチやフェンスなどに枝を留めていくさい、なるべく支持物に枝を寄り添わせるようにして、側面から見て凹凸のないように収めると美しい仕上がりになります。ビニタイは比較的細い枝の誘引に重宝です。太枝には食い込んでしまう恐れがあるので、シュロ縄や麻ひもを使用するとよいでしょう。いずれも葉が茂れば見えなくなります。2月に入ると枝が少し水を吸い上げて多少折れやすくなっているので、無理な負荷をかけないように気をつけましょう。

アーチの側面は主幹を枝の流れのままに誘引し、前年に発生したそのほかの枝の枝先を、花を咲かせたい位置に誘引していく。無理にS字に曲げる必要はない

誘引作業には脚立も必需品。アーチの天井部は曲線に枝がぴったりと添うように、ていねいに誘引していく。作業しながら込み合う箇所があれば、枝を間引いて調整する

ここがコツ！

誘引ひもの結び方

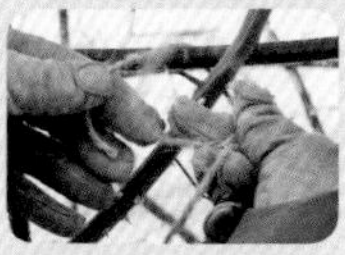

アイアンと枝にひもを一巡させて輪を作る

→

輪の部分を持ち替える

→

ひもの先端を下から輪に通す

→

枝を押さえながらひもの先端を絞る

→

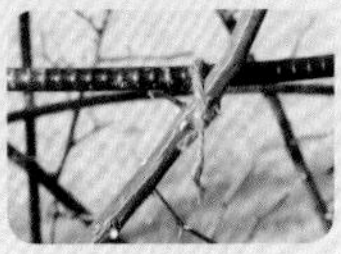

枝が固定される

枝の間隔を十分にとる

誘引のさいは葉を落とした枝を扱いますが、これから伸びる芽や枝葉のどれもが十分に日差しを浴びることができるよう、想像力を働かせてください。密に誘引してしまうと、枝葉同士が日陰をつくって花芽がつかないことがあります。枝と枝の間隔を広めにあけておくことが大事です。1年目は、1本の枝にどれだけの花枝が出るか、花枝はどれくらい伸びて咲くかなどをよく観察しておきましょう。そこまでイメージできるようになると、誘引はどんどんおもしろくなります。

古い枝に新しい枝を重ねる

部分的に枝が交差するのは問題ありませんが、枝が重なることは原則として避けます。葉が展開したときに、下の枝の芽が日陰になって花が咲かなくなってしまうためです。例外的にOKなのが、古い枝に新しい枝を重ねる誘引です。つる性バラは前年に新しく伸びた枝に花が咲きやすく、木質化した古い枝には咲きにくくなりますが、新しい枝を重ねるように誘引することで、全体のバランスを整えるために残した古い枝の上にも花が咲いているような景色をつくれます。

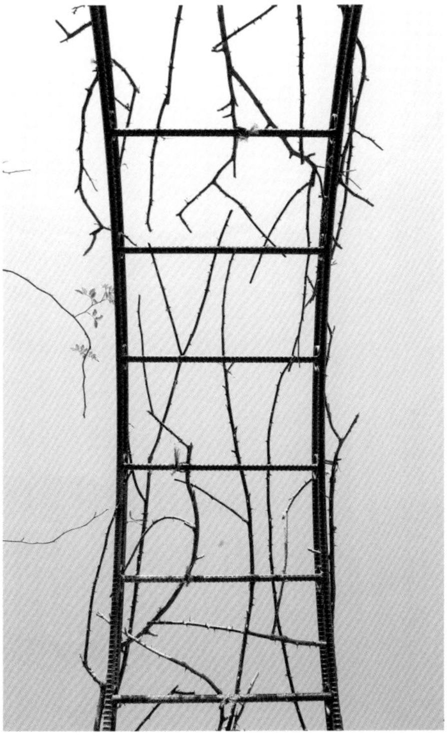

アーチの天井部は真下から枝の間隔を見て、すべての枝にしっかり日光が当たるように誘引するのが健全に育てるコツ

前年に伸びた花枝は1～2芽残してカットしておくと、再び伸びて開花する

隣り合うバラがあれば、2つの株の枝先が少し重なるように誘引すると景色が自然につながる

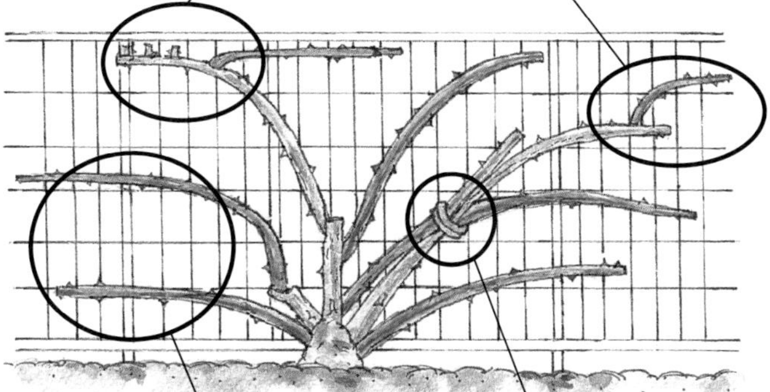

フェンスに誘引する場合も、枝と枝の間隔を均一に十分あけることが大切

2～3年目以降の古い枝（白っぽく太い枝）から花枝は伸びないので、前年に伸びた細い枝を重ねるとよい。ただし結んだひもは毎年取り替える

つるバラの すてきな仕立て方アイデア

同じ品種を育てていても、家ごとに違った表情が見られるのがつるバラのおもしろさです。
オリジナルな工夫のある美しい仕立て例を用途別にご紹介します。

アーチでつくるロマンチックな風景

Before

Good idea!

アーチは入り口や通路だけでなく、塀越しに立体的に見せることができます。高さ50㎝ほどの花壇にアーチを設置してあるので、通りからも見えるこの高さが得られました。細身のアーチにアプリコットとホワイトの配色もおしゃれですね。

(アプリコット)「ルーピング」、(白)「つるサマー・スノー」

After

「ピエール・ドゥ・ロンサール」

After

Before

Good idea!

エントランスの手前を草花で飾り、アーチを引き込んだ形で設置したことで、奥行き感が増しています。やさしいライムグリーンでまとめた明るい葉色は、空間を広く見せる効果も。「ピエール・ドゥ・ロンサール」は、甘くやさしいロマンチックな雰囲気を醸し出すバラです。

仕切りフェンスで美しいコーナーづくり

Good idea!

室外機は無機質で隠したくなるもののひとつです。そこで、室外機から50㎝離したところへトレリスなどを立ててつるバラをはわせると、全体の雰囲気がとてもよくなります。ここは和室の前なので竹素材ですが、アイアンや木など素材によって洋風にもなります。風の通り道をつくるため、下まではふさがないほうがよいでしょう。

Before

↓

（ピンク）「芽衣」、（赤）「つる・サラバンド」

After

After

「サハラ '98」

Before

Good idea!

バラの庭では、ゆったりと腰掛けていろいろな角度からバラを眺めると楽しいものです。ベンチひとつで見事なコーナーをつくることもできます。少し角度をつけて、ベンチを囲むようにフェンスを立てて誘引すると、腰を下ろすたびにバラの香りに癒《い》やされます。

塀にやさしい表情をプラス

「ニュー・ドーン」

After

Good idea!

Before

アイアンやワイヤを使って塀の上につるバラを誘引すると、目隠しにもなり、無機質なタイル塀がやわらかで温かみのある雰囲気に変わります。「ニュー・ドーン」を下のほうへ流れるように誘引するアイデアが、とてもすてきです。塀の内側は暗いので、できるだけ長く伸ばして生長させたバラを植えるとよいでしょう。

Before

Good idea!

塀の上に飾りのアイアンを特注で作ってもらい、誘引してあります。飾りをあまり隠さず、さらりと枝を添わせるくらいが上品です。塀の内側はたっぷりと下から花を咲かせましょう。「ピエール・ドゥ・ロンサール」と「あおい」の2品種をからめて、愛らしさを演出します。

After（内側から）

（淡ピンク）「ピエール・ドゥ・ロンサール」、（濃ピンク）「あおい」

After（外側から）

穴をあけずに壁面を華やかに

（紫）「ファイルヘンブラウ」、（黄）「グラハム・トーマス」

After

Before

Good idea!

家の壁面に釘《くぎ》などを打ち込みたくないので、窓辺に合わせて特注のフェンスを作りました。デザインの美しいフェンスは、少しの枝でもすてきな景色に。椅子《いす》のように自立する形なら、面倒な基礎もいらずにすぐ立てられます。壁から20㎝くらい離して設置すれば風通しも良好。消毒のあまり必要ない丈夫な品種を選ぶとよいでしょう。軒があると雨がかからず、黒星病が発症しにくいというメリットがあります。

知って
おきたい

おもな病害虫と適用の薬剤

バラ栽培に病気と害虫はつきものです。バラはある程度大きくなれば、何度葉を落としても葉を再生させる丈夫な植物ですが、植えつけて間もない苗や若木には手助けが必要です。はじめてのバラ栽培では予防の薬剤を使ってまず健全にバラを育て、バラ本来の強さと美しさを知ってください。ことに、新苗を育てる場合は、1〜2年目にしっかり病害虫から守ってあげることが大事です。無農薬栽培をめざしたい方は、丈夫な成木に育ててから、少しずつ減農薬・無農薬栽培に取り組んでも遅くはありません。また、適切な管理をして日ごろから見守っていても、年ごとの気候の変化やいろいろな条件によって、病気や害虫の被害が広がってしまうことがあります。被害を見つけたら、早期に確実に食い止める対処法を知っておくと安心です。バラに被害を与えるおもな病害虫と、防除効果が認められる薬剤を以下に紹介します。

おもな病気

黒星病（黒点病）

葉に黒い病斑が出て広がり、やがて黄変して落葉する。ウイルスが水を媒介して発生。放置するとまたたくまにすべての葉を失ってしまう。早期に発見し、早めの治療をすることが大切。（82、90頁参照）

多発時期／花が咲き終わった後や雨が多い時期
発生チェック箇所／株元の古い葉
予防殺菌剤／サンヨール、オーソサイド80、ダコニール1000など
治療殺菌剤／サプロール、ラリー、トップジンMなど
※耐性菌が出やすいので、治療効果が認められたら予防薬に戻す

根頭がん腫病

土壌中に潜伏していた病原細菌が根の傷から侵入して発病する。枯れることはまれだが、根の一部がでこぼことコブのように膨らんできて、バラの栄養を奪い続けるために、株全体の元気がなくなってきてしまう。

多発時期／高温多湿な時期
発生チェック箇所／接ぎ目や株元（苗の購入時にも要チェック）
予防殺菌剤／幼苗期にバクテローズにつける

灰色かび病

つぼみや花がかびていく病気。開花期に雨の日が続くと発生しやすい。開花前の予防消毒で防ぐことができる。病気が発生した部分はただちに切り取り、地面に落ちた花びらも処分する。雨の多い時期は早めに花を摘む。

多発時期／開花期
発生チェック箇所／つぼみや花
予防殺菌剤／サンヨール、エムダイファー水和剤など
治療殺菌剤／ダコニール1000、カリグリーン

うどんこ病

新芽や若葉、つぼみやガク、花首などに、粉を吹いたように白いカビが付着する。感染が進んでも落葉はしないが、ひどく生育が衰えて見た目も損なわれる。（82頁参照）

多発時期／つぼみが色づき、気温17〜25℃のころ
発生チェック箇所／花首や新しい葉
予防殺菌剤／サルバトーレME、サンヨール、ダコニール1000など
治療殺菌剤／サルバトーレME、トップジンM、パンチョTFなど
※耐性菌が出やすいので、治療効果が認められたら予防薬に戻す

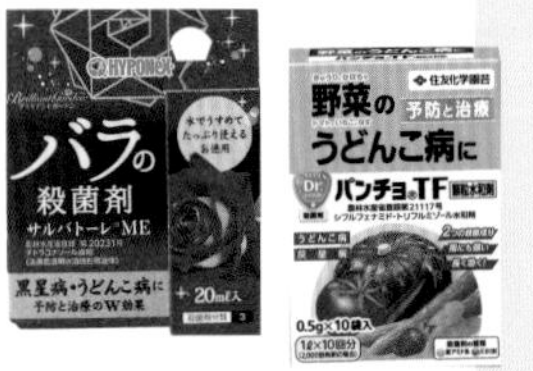

サルバトーレME（左）
パンチョTF顆粒水和剤（右）
どちらも治療薬として必ず備えておきたい薬剤。サルバトーレMEは黒星病とうどんこ病の専用薬。パンチョTFはうどんこ病に効き目を発揮

治療薬はむやみに連続使用しない

病気の治療剤、殺虫剤は、効果が高い反面、天敵にも害が及んだり、使い続けると薬の効かない病害虫（耐性菌や抵抗性害虫）が発生する恐れがあります。使用は部分的に、最低限に抑えましょう。日ごろの観察と予防消毒をていねいに行い、少しでも被害を見つけたら、病気の葉は切り取って処分し、害虫の卵や幼虫、成虫は見つけしだい取り除いてつぶします。これだけでも病害虫の被害はかなり食い止められます。また、自分の庭では、どの時期に、どんな病害虫の被害が出やすいか、よく観察を積み重ねていくことも大事です。

【注意】本書に掲載されている商品や登録データなどは2023年2月現在のものです。薬剤の適用については変更されることがあります。最新の登録・失効情報は、農薬登録情報提供システムから検索してください（https://pesticide.maff.go.jp/）。必ず商品のラベルや説明書に従い、適正にご使用ください。

おもな害虫

吸汁型

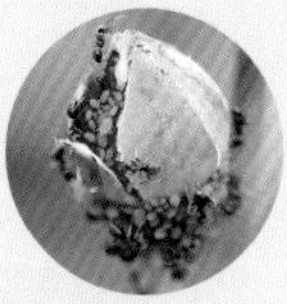

アブラムシ

新芽、新葉、つぼみ、ガクなど、新しい部分に集団で張り付き、汁を吸う。（82頁参照）

多発時期／つぼみが色づくころから、気温17～25℃の時期　発生チェック箇所／花首や新しい葉、新芽、つぼみ　殺虫剤／サンヨール、オルトラン、ベニカXファインスプレー、モスピランベニカR乳剤など

Y.Kusama

ハダニ類

葉裏に集団で寄生して汁を吸いウイルスを媒介。真夏に大量発生しやすい。（90頁参照）

多発時期／梅雨明けの真夏から初秋　発生チェック箇所／充実してきた葉　殺虫剤／バロック、カスケード、モストップジンRスプレー、アーリーセーフなど

Y.Kusama

スリップス（アザミウマ）

つぼみに発生して花を汚す。黒く短い線のような極小の虫。花弁から汁を吸う。

多発時期／開花期　発生チェック箇所／花　殺虫剤／ティアナSC、オルトランなど

カイガラムシ

枝に寄生して汁を吸う。古枝や日陰で風通しの悪い地ぎわの枝に発生しやすい。

多発時期／生育期　発生チェック箇所／地ぎわに近い枝　殺虫剤／カイガラムシエアゾール、マシン油乳剤など

食害型

コガネムシ

成虫はおもに夏に発生し、花を食害する。幼虫は別名ネキリムシ。土中で根を食い荒らし、鉢植えで被害を受けると枯れることもある。成虫を見つけしだい捕殺する。

多発時期／開花期　発生チェック箇所／花　殺虫剤／ダントツ、スミチオンなど

ハスモンヨトウ、ヨトウムシ

小さい幼虫のうちは、葉裏に群れて葉を薄く透かすように食べ、大きくなるとイモムシになって夜間に花や葉を食害。（82頁参照）

多発時期／小さい幼虫は4月末～5月初旬、梅雨の終わり、お盆明け、新芽がぐんぐん伸びるころ。イモムシは開花期（秋からの被害が大きい）　発生チェック箇所／小さい幼虫はやわらかい葉や新芽、イモムシは花　殺虫剤／オルトラン、カスケード、アディオンなど

チュウレンジハバチ

成虫はバラの茎に卵を産みつけ、そこからふ化した幼虫が葉の縁に群れて葉脈を残して葉を食害する。（82頁参照）

多発時期／成虫は春から秋、幼虫は成虫の産卵後6～7週間の周期で　発生チェック箇所／成虫は新枝のやわらかい部分、幼虫は新枝の先端の葉　殺虫剤／オルトラン、ベニカXファインスプレーなど

バラゾウムシ

別名クロケシツブチョッキリ。枝の先端近くのやわらかい茎に卵を産みつけ、つぼみや枝先をしおれさせる。

多発時期／つぼみが色づくころから、気温17～25℃くらいの時期　発生チェック箇所／花首や新しい葉　殺虫剤／ベニカR乳剤、スミチオンなど

ゴマダラカミキリ

幼虫の別名はテッポウムシ。成虫がバラの枝に産卵し、ふ化した幼虫が内側から幹を食害する。根まで食い荒らして枯らしてしまうことがある。穴から木くずやふんを出す。

多発時期／4～6月　発生チェック箇所／株元や枝の中間　殺虫剤／園芸用キンチョールE

（左）ゴマダラカミキリの成虫は枝を食害する。見つけしだい捕殺する
（右）晩夏に株元を観察して、オガクズのようなものが積もっていたら幼虫の被害にあった証拠

天然物由来の薬剤

植物やデンプンなど天然物を成分にした薬剤です。安全性を追求した薬剤が増えているなかで、人や環境に対してより影響が少なく、十分な効果も期待できます。

分類	薬品名	効果
治療殺菌剤	カリグリーン	うどんこ病の治療剤。重曹と同じような成分。発病初期なら治療できる。カリ分補給にもなる
殺虫剤	パイベニカVスプレー	アブラムシ、チュウレンジハバチに。天敵にも効いてしまうので、部分的、一時的に使う。ジョチュウギクという植物由来の成分
殺虫剤	アーリーセーフ、オレート	アブラムシ、ハダニに。アーリーセーフの成分はヤシ油、オレートは石けん由来。害虫の気門をふさいで殺虫
殺虫剤	トアローCT	ヨトウムシなど、ガやチョウの幼虫にだけ効き、人体やほかの虫には無害の薬。効果が現れるまで1週間ほどかかる
展着剤	アピオンE	膜を作って葉の保護膜を強化し、農薬を植物にしっかりつけ、落ちにくくする。予防薬といっしょに使う。原料はパラフィンで人畜や環境に影響が少ない

教えて! 栽培12か月Q&A

バラを育て始めると、たくさんのうれしい発見とともに、いろいろな疑問や不安も生じてくるものです。
最初はわからないことが多くて当然。ビギナーが戸惑いがちな事柄にお答えします。

4月

Q 花を長く楽しみたいけれど、次々と咲かせるには、花がら切りはこまめにするほうがよいですか？　また、花がら切りのタイミングは、しおれかけてから？完全に花が終わってから？

A 花がしおれてきたら切りましょう。外側の花びらが茶色くなってきた花も切りどきです。終わった花から順繰りに、5枚葉を1～2本つけてカットします。花がらを切ってあげると、これから咲くつぼみが早くきれいに咲き、灰色かび病の防止にもなります。一季咲きの品種も実を楽しむもの以外は切ったほうがよいです。とはいえ、花を見るために咲かせるのですから、そんなにあわてて切らなくてもよいと思いますよ。

5月

Q 冬の間に誘引した枝が、葉ばかり茂って結局つぼみをつけませんでした。なぜでしょうか？

A 考えられる原因は、いくつかあります。①日照不足：植え場所が日陰すぎた。②剪定《せんてい》の間違い：細枝に咲く品種だったのに太い枝で切ってしまった。③水枯れしたり、遅霜に当たったためにブラインドになってしまった、などです。いずれにしても、葉が茂っているなら光合成を十分できるように環境を整えて株を丈夫に育て、冬の剪定・誘引でリセットして翌春に備えましょう。

6月

Q せっかく咲いた花が、雨に当たって花首が垂れて元気がなくなってしまいました。地植えでも雨よけする必要はありますか？

A 支柱を立ててあげましょう。雨よけの必要はありません。雨でバラの花首が垂れることはまずないので、恐らく細枝しか出ていなかったのではないでしょうか。雨が多い時期なので、予防消毒をしておくとよいですよ。

7月

Q つるバラのシュートが2m以上伸びて、支柱の長さが足りなくなってしまいました。支柱なしで、そのまま上に伸ばし続けても大丈夫ですか？

A シュートをもっと伸ばしたい場合は、何か支えを考えてください。「頂《ちょ》芽優勢《うがゆうせい》」の性質を利用して伸ばすので、シュートはまっすぐに立てておく必要があります。支柱なしでは、たちまち枝先が垂れて伸びが止まってしまい、風にあおられてシュートが傷みます。アーチやフェンスなど枝を縛ることのできる場所があれば、そこへ縛ってもかまいません。そのようなものがなければ、支柱を継ぎ足しましょう。

8月

Q 葉が黄色く変色して、すべて落ちてしまいました。このまま枯れてしまうのでしょうか？

A 症状を見ないと原因が特定できませんが、水枯れだとすれば枯れることもあります。葉がすべて落ちてしまうまで乾燥させると、株のダメージは大きいです。蒸散も光合成も行えない状態なので、雨の当たらない半日陰に移動してしばらく様子を見てあげてください。

9月

Q 花後に伸びてきたシュートの先端にばかりつぼみがつき、株の真ん中から下のほうには花が咲きません。株全体にまんべんなくつぼみをもたせるには、どうしたらよいですか？

A 9月初旬ころに夏剪定を行って短い枝をつくるとよいでしょう。咲かせたい位置から花枝の長さを差し引いた高さでよい芽を選び、すべての枝を切ります。生育期なので、葉を落としすぎないように浅めに切ることを心がけてください。切る時期が遅れると、寒くなって花枝が伸びるのが間に合わなくなるので、つぼみがついた枝も一斉に切ることがポイントです。

10月

Q 晴天続きで雨が少なく、湿度も低いのに、黒点病になってしまいました。原因は何でしょうか？

A 黒点病（黒星病）の菌はどこにでも潜んでいます。多発するのは雨の多い時期ですが、冬の低温期や真夏の高温期を除いて、数分間ぬれればいつでも発症の可能性があります。古い葉から侵入しやすいので、株元の古い葉を摘み取って風通しをよくしておくことが予防になります。

11月

Q もうすぐ本格的な冬剪定の時期を控えていますが、花後の切り戻しをする必要はありますか？

A 切らなくてもかまいません。ただし、花びらが落ちない品種では、花がらを放置すると雨に当たってカビが発生することがあるので、灰色かび病などの防止のためにも、花がら切りをしたほうがよいです。

12月

Q まだ葉がたくさん残っているのですが、消毒薬や栄養剤の散布は必要ですか？

A この時期はもう必要ありません。予防消毒を行うなら剪定後にしましょう。栄養剤や活力剤は、植え替えのさいに根を浸して使用できるものもあります。使用説明書をよく読んでください。なお、残っている葉は、剪定のさいにすべて摘み取ります。病気の菌や、害虫の卵や幼虫が葉裏で越冬しないようにするためです。

1月

Q 暖冬で平年よりも暖かい日が続いていますが、剪定・誘引は１月中にしたほうがよいですか？　気温など剪定のタイミングの目安は？

A バラは5℃以下で休眠します。日中の気温が５℃以下になる日が多くなったら剪定を行いましょう。休眠しないうちに強い剪定をすると、切り口から水分が抜けるなどのダメージを与えてしまいます。

2月

Q 横張り性のバラ「ザ・フェアリー」でグラウンドカバーをしたいと思います。どのように剪定・誘引すればよいですか？

A 「ザ・フェアリー」は枝がやわらかいので、剪定のさいになるべく枝を広げるようにしてあげれば、誘引しなくても自然と広がっていきます。剪定はつるバラと同じように、不要な枝を取り除いて枝先を少し切り戻しておきましょう。土手のような広いスペースに咲かせるなら、もっと長くはうように伸びるグラウンドカバー用の品種が向きます。そうした品種にもかわいいバラがたくさんありますよ。

「ザ・フェアリー」は小輪の愛らしい花を、大きな房咲きにする超多花性の四季咲きバラ

3月

Q なかなか株が大きくなりません。2年前にひと回り大きな鉢に植え替えましたが、鉢替えをまた行ったほうがよいですか？

A 鉢替え（土替え）は、できるだけ年1回行うほうがよいです。順調に生育している株は、１年で鉢の中いっぱいに根が広がります。定期的に植え替えないと根詰まりして生長が止まったり、花つきが悪くなります。鉢から出して根鉢を崩して古い土を落とし、元肥を混ぜた新しい土で植え直します。逆に根が張っていなかったら、置き場所、水やり、用土などを今までのやり方と変えてみましょう。

バラ名索引

バラの名前は五十音順に並べています。

基本用語集

あ

育種（いくしゅ）
新しい品種を作り出すこと。めざす花色や花形、樹形などへ品種改良すること。

移植（いしょく）
植物を植え替えること。

一季咲き（いっきざき）　→15頁参照

イングリッシュローズ　→49頁参照

ウオータースペース
鉢植えの土の表面から鉢の上縁までの空間。水やりのさいに水を土中にしみ込ませるためのスペース。

うどんこ病（うどんこびょう）　→82、126頁参照

液肥（えきひ）
液体肥料。水で薄めて使用する。与えてすぐに効果が現れる速効性なので追肥に使う。

枝変わり（えだがわり）
同じ株から突然変異によって現れた、花色・花形・性質などが異なる枝。

枝抜き（えだぬき）　→78頁参照

オールドローズ　→48頁参照

大苗（おおなえ）　→64頁参照

置き肥（おきごえ）
鉢栽培の肥料の与え方のひとつで、鉢土の上に固形肥料を置いて使用すること。水やりのたびに少しずつ溶け出し、ゆっくりと効いて効果が持続する。

オベリスク
植物をはわせる、木やアイアンを組んだタワー。

か

返り咲き（かえりざき）　→15頁参照

カップ咲き（かっぷざき）　→50頁参照

株元（かぶもと）
植物の株が出ている、地ぎわのこと。

緩効性肥料（かんこうせいひりょう）
徐々に溶け出し、ゆっくり長時間効果が続く肥料。遅効性肥料ともいう。

寒肥（かんごえ）
バラの春先の活動に備えて、根が休眠している12～2月の間に施す肥料。

木立性（きだちせい・こだちせい）　→51頁参照

休眠期（きゅうみんき）　→52頁参照

切り戻し（きりもどし）　→79頁参照

クォーターロゼット咲き
（くおーたーろぜっとざき）　→50頁参照

黒星病（くろほしびょう）　→82、90、126頁参照

剣弁高芯咲き（けんべんこうしんざき）　→50頁参照

光合成（こうごうせい）
植物が太陽エネルギーを使って二酸化炭素から有機物を合成する過程の総称。

5枚葉（ごまいば）
葉柄1本につき、5枚の小葉がつくもの。

根頭がん腫病（こんとうがんしゅびょう）
→126頁参照

さ

挿し木苗（さしきなえ）
親株から枝（挿し穂）を切り取って、その下端を土に挿して発根させて作った苗。

四季咲き（しきざき）　→15頁参照

シュート　→54頁参照

主幹（しゅかん）
株元から出ており、全体の中心とする幹のこと。

シュラブ　→49、51頁参照

シリンジ
葉に付着したちりやハダニなどを、ホースや霧吹きで洗い流し、葉面に適度な湿りけを与えること。

新苗（しんなえ）　→64頁参照

スタンダード仕立て（すたんだーどじたて）
長く伸ばした台木の先端に接ぎ木をする仕立て方。

セミダブル咲き（せみだぶるざき）　→50頁参照

剪定（せんてい）
日当たりや風通しをよくしたり、樹形を整えたり、よい花がつくようにするため、枝を切ること。

側芽（そくが）
茎の側部から出る芽のこと。葉のつけ根から出ることが多い。わき芽ともいう。

速効性肥料（そっこうせいひりょう）
効果がすばやく現れる肥料。

た

台木（だいぎ）
接ぎ木をするさいの台になる木。一般的にはとげのないノイバラを使うことが多い。

ダマスク　→49頁参照

中耕（ちゅうこう）
固まった土を耕すこと。

頂芽優勢（ちょうがゆうせい）　→53頁参照

追肥（ついひ）
繰り返し咲く四季咲き性の品種に与える肥料。開花期終盤に与え、次の開花のための栄養を補う。お礼肥ともいう。

接ぎ木（つぎき）
バラを増やす方法のひとつで、増やしたいバラの枝を切り取り（挿し穂）、根のついたノイバラ（台木）の茎に接ぎ活着させる。

接ぎ口（つぎくち）
接ぎ穂（つぎ芽）と台木の結合部分。

つる性（つるせい）　→51頁参照

ティー　→49頁参照

天地返し（てんちがえし）
冬の寒い時期に、土の表層と深層とを掘り返して入れ替えること。土壌消毒・雑草の抑制・植物の生育に役立つ。エンピ返しともいう。

トレリス
植物をはわせる、格子状の枠・骨組み。

な

二番花（にばんか）
春の一番花の後に咲く花。

根詰まり（ねづまり）
鉢植えのバラの根が鉢の中でいっぱいになり、水や養分の吸収ができなくなっている状態。生育が悪くなるので根を切るか、ひと回り大きな鉢に植え替える必要がある。

根鉢（ねばち）
鉢植えの植物を鉢から抜いたときの根のこと。

は

パーゴラ
植物をはわせる、日よけ棚・つる棚。

灰色かび病（はいいろかびびょう）　→126頁参照

培養土（ばいようど）
バラの栽培に適するように赤玉土など基本用土に腐葉土や肥料を配合してある土のこと。

鉢苗（はちなえ）　→65頁参照

花がら（はながら）
咲き終わって枯れた花。

花つき（はなつき）
花がつく数の程度。

花もち（はなもち）
花が咲いている期間の程度。

半つる性（はんつるせい）　→51頁参照

半八重咲き（はんやえざき）　→50頁参照

一重平咲き（ひとえひらざき）　→50頁参照

ピンチ
新梢の分枝を促すために、やわらかいうちに先端を摘み取ること。摘心ともいう。

覆輪（ふくりん）
花弁の端に入る、中心部とは別色の縁取り。

房咲き（ふさざき）
たくさんの花が房状に咲く性質。

ブッシュ　→51頁参照

腐葉土（ふようど）
広葉樹の落ち葉を堆積して半ば腐植させたもの。土壌改良のために使われる。

ブラインド　→78頁参照

ほふく
地をはうように枝が伸びること。

ポンポン咲き（ぽんぽんざき）　→50頁参照

ま

マルチング
株元をわらや腐葉土などで覆うこと。雑草の生育を制御し、保温・保湿効果がありバラの生育に効果がある。

実生（みしょう）
繁殖方法のひとつ、種子から育てること。

ミニバラ
花径が5㎝程度以下で、高さも20〜50㎝程度（ミニつるバラは〜2m）、葉も小さい、矮小（わいしょう）性のバラ。ミニチュアバラ、ヒメバラなどともいう。

芽かき（めかき）　→78頁参照

モダンローズ　→48頁参照

元肥（もとごえ）
苗木を植えつけるときなどに事前に与える肥料のこと。

や

誘引（ゆういん）
枝をフェンスなどに配して留めること。

有機物（ゆうきぶつ）
腐葉土、堆肥、ピートモス、牛ふんなど。土壌改良材として使う。

葉柄（ようへい）
葉の本体と茎をつなぐ、柄状の部分。

横張り性（よこばりせい）
横方向に枝が伸び広がる性質。

ら

ローズヒップ
バラの果実のこと。ビタミンCが豊富で、おもにロサ・カニナが食用に用いられる。

ロゼット咲き（ろぜっとざき）　→50頁参照

ロング苗（ろんぐなえ）　→65頁参照

わ

ワイルドローズ　→48頁参照

後藤みどり《ごとう みどり》

Midori Goto

バラ苗専門店コマツガーデン（店舗「ROSA・VERTE」）代表。一般社団法人 日本ルドゥーテ協会代表理事。NHK「趣味の園芸」で講師を務めるほか、フラワーデザインを学んだ感性を生かしたバラの咲く美しい景色づくりの提案や、初心者にもわかりやすい栽培ノウハウの伝授を行う。直営のナーセリーで有機栽培される良質な苗は、お店のほか通信販売でも購入できる。「バラ栽培教室」も人気。著書に『つるバラ』（NHK出版）、『小さい家で楽しむ わたしのバラ庭づくり』（農山漁村文化協会）、『つるバラ&半つるバラ』（誠文堂新光社）などがある。

本書は2011年3月発行の『はじめてのバラづくり12か月』(家の光協会) を、一部情報を更新し、改訂したものです。

コマツガーデン
●店舗「ROSA・VERTE（ロザ・ヴェール）」
https://www.komatsugarden.co.jp/
〒409-3862　山梨県中巨摩郡昭和町上河東1323-2
Tel.055-287-8758　Fax.055-287-8759
●ネット販売
https://www.komatsugarden-online.com/
〒406-0032　山梨県笛吹市石和町四日市場1623-1
Tel.055-262-7429　Fax.055-262-7414

資材取り扱い先　株式会社タクト　https://www.biogold.co.jp　Tel.0276-40-1112
住友化学園芸株式会社　Tel.03-3663-1128

いちばんていねいでやさしい
新版　はじめてのバラづくり12か月

2023年3月20日　第1刷発行
2024年4月10日　第2刷発行

著者　後藤みどり

発行者　木下春雄

発行所　一般社団法人 家の光協会
〒162-8448　東京都新宿区市谷船河原町 11
電話　03-3266-9029（販売）
03-3266-9028（編集）
振替　00150-1-4724

印刷・製本　図書印刷株式会社

ISBN978-4-259-56758-3　C0061